会计手工实操与在线实训系列规划教材

财务会计分岗实训

——手工实操与在线实训

孙雨南　主编

中国人民大学出版社
·北京·

丛书编委会

一、《基础会计实务》

主　编　沈清文

副主编　吕玉林　王　欢

参　编　朱晓铭　张翔一

审　稿　欧月萍

二、《基础会计实训》

主　编　沈清文

副主编　张怡　吕玉林

参　编　肖晓旭　刘莉莉　马丽亚

审　稿　王秀华

三、《纳税实务》

主　编　伊　虹

副主编　田淑华　王建聪

四、《纳税实训》

主　编　伊　虹

副主编　田淑华

五、《财务会计分岗实务》

主　编　宋玉章

六、《财务会计分岗实训》

主　编　孙雨南

七、《出纳实务》

主　编　姜亚琼

八、《出纳实训》

主　编　姜亚琼

副主编　孙　梁　佟　昕

参　编　郭　丽　高　霞

九、《税务会计实务》

主　编　刘彩霞

十、《税务会计实训》

主　编　刘彩霞

十一、《企业会计全盘账模拟》

主　编　刘雪清

丛书序

随着互联网教育技术的发展，借助数字仿真实训提高会计学习者的实际业务操作技能，提高会计专业教学效率和效果，成为十分必要的教学手段。

会计是商业的语言。会计工作有自身特定的流程、工作材料和信息传达工具。传统的书本知识的学习，使学习者具有了一定的专业理论基础、解决问题的思路和相对完整的背景知识。但常见的问题是，学习者离开课堂的初期，往往对工作中的账簿、凭证的处理乃至电算化软件、报税平台、网银平台的操作等具体工作望而生畏。财务人员在单位里承担着重要的责任，他们的任何差池都可能给单位带来实际的经济损失。培养学生“敢操作、会操作、做得好”的会计职业能力，是会计专业教育者义不容辞的责任。

在会计职业教育领域，学科带头人、骨干教师和教育实践针对理论教学与实践教学的一体化开展过各种有益的尝试。多年实践证明，真正的“理实一体化”教学解决方案，需要会计专业教师、数字教育技术人员、会计从业者和课程专家的相互协作，共同开发。

本套教材利用“学问通”在线实训平台，实现了会计专业的仿真教学、仿真实训和仿真操作，为广大师生提供了一套全新、实用的立体化创新教材，实现了学校教学与企业实务工作的无缝对接。

本套教材的创新主要体现在以下三个方面。

1. 课堂学习与企业实务无缝对接

本套教材从企业实际业务出发，采用“实训内容即工作内容，实训过程即工作过程”的编写思路，系统梳理了会计人员应知应会的核心知识与技能，精选企业典型会计业务作为实训业务，借助信息技术将会计工作中常见的单据及账证表全部仿真制作，学生可以在完全模拟企业会计工作场景的情况下进行实训，从而迅速具备会计上岗能力。

2. 理论教学与实训教学互相配套

本套教材涵盖职业院校会计专业的 8 门核心课程，既包括理论课教材，也包括实训课教材，且理论与实训互相对应、互相配套。学生学习完相关的理论，即可进行相应的实训，在巩固理论知识的同时强化实践能力培养。

本套教材的理论课教材包括《基础会计实务》《出纳实务》《财务会计分岗实务》《成本会计实务》《税务会计实务》《纳税实务》《审计实务》等，与之相对应，实训课教材包括《基础会计实训》《出纳实训》《财务会计分岗实训》《成本会计实训》《税务会计实训》《纳税实训》《审计实训》《企业会计全盘账模拟》。

3. 线下实操与线上实训同步进行

本套教材的理论课教材配有相应的在线学习账号，学生可以通过 APP 在线做题、观看资源、与教师进行课堂互动。实训课教材除全部使用仿真单据外，还配备相应的账证表，以便进行全仿真实训，同时配有在线实训账号，可以反复练习，实时比对答案。

纸质教材与在线平台的相互结合，既可以帮助学生进行线下的手工实操，强化会计技能训练；又可以充分发挥互联网的优势，增强教学互动、拓展课程资源种类，进行线上的反复实训，及时统计实训结果，提升教学效果。

本套教材的出版倾注了编写团队、课程开发团队的大量心血，衷心希望我们的创新能为我国会计职业教育的发展以及会计人才的培养作出贡献。

2017 年 6 月

前言

本书是《财务会计分岗实务》的配套实训用书，按照高等职业教育的人才培养目标，秉承“工学结合”的理念，理论与实践相结合，突出了分岗性、实务性、实用性和操作性等特点。

本书定位于会计岗位能力训练，充分考虑到会计工作特点，将企业的筹集资金、供应过程、生产过程、销售过程、结算业务核算、财务成果的计算与分配、财产清查等典型业务与岗位分工相互融合。

本书以公司制企业的经济活动为例，按照会计工作岗位群的工作要求将相关内容划分为九个实训项目，素材丰富，资料翔实，实训内容具有实用性和可操作性。通过实训，可以增强学生对各个岗位会计核算流程的理解，提高学生实际操作技能。

本书涉及的训练项目以仿真单据、账簿等形式展现经济业务内容，有较强的实践性和可操作性，让学习者体会真实会计岗位的业务情境，进而熟练掌握会计工作基本流程和能力，为在专业会计课程中进一步学习会计岗位技能或上岗工作奠定基础。

本书由黑龙江广播电视大学（前粮食职业学院）孙雨南主编，参与编写的人员还有辽宁经济职业技术学院宋玉章、哈尔滨学院隋颖、黑龙江广播电视大学（前粮食职业学院）杨晓光。孙雨南负责组织编写和全书的修改与总纂。

本书的编写和出版得益于东北财经大学刘雪清教授的精心指导，得益于同行的建议和企业一线会计人员的大力帮助，编写过程中还参考了同行的有关著作，在此深表谢意。

限于编者的水平，书中难免有疏漏和不足，恳请同行和读者批评指正。

编　者

2017 年 6 月

目　录

模拟企业资料

一、模拟企业的基本情况

盟江轴承有限公司注册资金 2 000 万元人民币。其中，通顺公司以人民币出资 1 020万元，占股 51%；汇丰公司以固定资产出资 560 万元，占股 28%；张胜利以人民币出资 420 万元，占股 21%。

盟江轴承有限公司的营业执照和开户许可证见图 0-1 和图 0-2。

营业执照

统一社会信用代码 914406052365011782

名　　称　盟江轴承有限公司
类　　型　有限责任公司
住　　所　南海市长安路7号
法定代表人　张广文
注册资本　人民币贰仟万元整
成立日期　2001年01月15日
营业期限　2001年01月15日至2031年01月15日
经营范围　商事主体的经营范围、经营场所、投资产信息、年报信息和监管信息等请至南海商事主体登记及信用信息公示平台查询。经营范围中涉及许可审批经营项目的，应在取得有关部门的许可后方可经营。

登记机关

2001年　01月　15日

图 0-1　营业执照

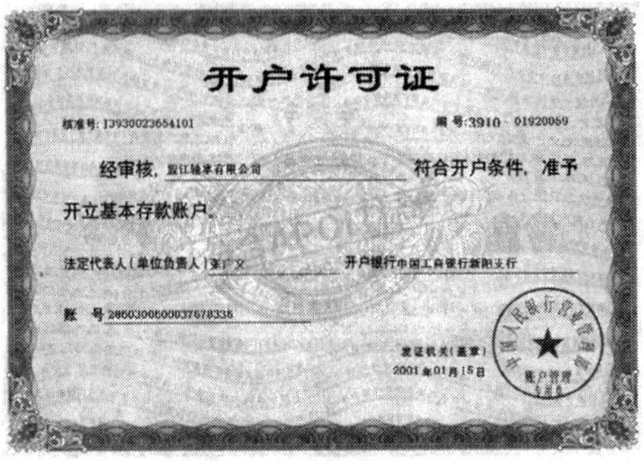

图 0－2　开户许可证

企业的组织架构见图 0－3。

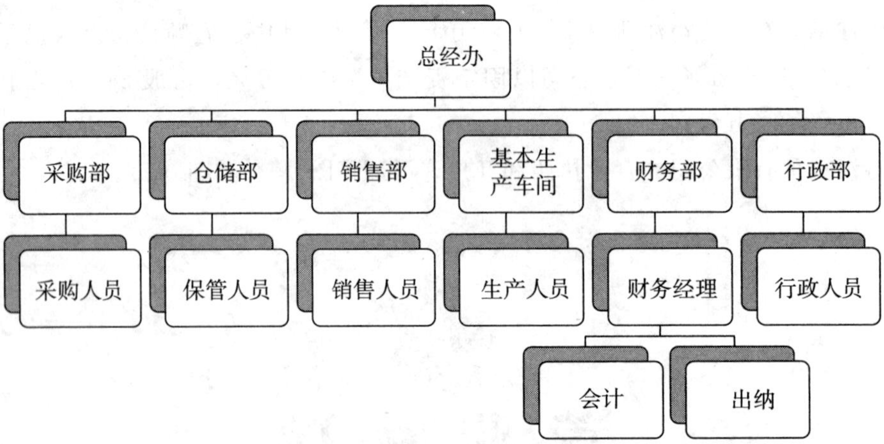

图 0－3　组织架构图

盟江轴承有限公司与财务工作紧密相关的主要人员见表 0－1。

表 0－1　与财务工作紧密相关的主要人员

序号	部门	职务	姓名
1	总经办	总经理	张广文
2	财务部	财务经理	李　伟
3	财务部	会计	颜　子
4	财务部	出纳	王　陵

二、模拟企业生产情况简介

为简化成本核算，盟江轴承有限公司只设一个基本生产车间，主要产品为深沟球轴承 6406、深沟球轴承 6408，生产原料有高碳轴承钢、不锈钢板、防锈液。

项目 1

出纳岗位

一、出纳岗位职责

1. 出纳负责现金、支票、发票的保管工作，要做到收有记录，支有签字。妥善保管现金、支票、发票，不得丢失。

2. 现金业务要严格按照财务制度和企业制定的现金管理制度办理。对现金收、支的原始凭证认真稽核，不符合规定的，有权拒付。

3. 现金要日清月结，按日逐笔记录库存现金日记账，并按日核对库存现金，做到记录及时、准确、无误。

4. 支票的签发要严格执行银行支票管理制度，不得签逾期支票、空头支票。对签发的支票必须填写用途、金额，除特殊情况外，还需填写收款人。出纳应定期监督支票的收回情况。

5. 办理其他银行业务要核对发票金额是否正确、准确，并经领导批准后签发，不得随意办理汇款。

6. 对库存现金要严格按限额留用，不得肆意超出限额。

7. 杜绝“白条抵库”，发现问题及时向领导汇报。

8. 按期与银行对账，按月编制银行存款余额调节表，随时处理未达账项。

9. 对领导交办的其他事务按规定办理。

二、实训程序及要求

1. 根据实训资料（一）开设库存现金日记账、银行存款日记账。

2. 根据实训资料（二）填制原始凭证、记账凭证。

3. 根据记账凭证登记库存现金日记账、银行存款日记账。

三、实训资料

（一）2016 年 12 月 1 日有关账户余额（见表 1－1）

表 1－1　　　　账户余额表　　　　单位：元

总账账户	明细账户	借方余额	贷方余额
库存现金		3 000.00	
银行存款		1 230 000.00	

（二）2016 年 12 月发生的与出纳岗位相关的经济业务

【业务 1－1】 12 月 1 日，填制现金支票，提取现金 5 000 元备用。见财务会计分岗实训单据簿（以下简称“单据簿”）第 1 页的现金支票（单据 1－1）。

【业务 1－2】 见单据簿第 2 页的借款单（单据 1－2）。

【业务 1－3】 见单据簿第 2 页的增值税专用发票（单据 1－3）。

【业务 1－4】 见单据簿第 3 页的银行结算业务申请书（单据 1－4）。

【业务 1－5】 见单据簿第 4 页的增值税专用发票（单据 1－5－1）、银行汇票（多余款收账通知）（单据 1－5－2）。

【业务 1－6】 见单据簿第 5 页的信汇凭证（收账通知）（单据 1－6）。

【业务 1－7】 见单据簿第 5～7 页的差旅费报销单（单据 1－7－1）、火车票（单据 1－7－2 和单据 1－7－3）、增值税普通发票（单据 1－7－4）、收款收据（单据 1－7－5）。

【业务 1－8】 见单据簿第 7 页的转账支票存根（单据 1－8）。

【业务 1－9】 见单据簿（第 7、8 页）的增值税专用发票（单据 1－9－1）、银行进账单（收账通知）（单据 1－9－2）。

【业务 1－10】 见单据簿第 8 页的现金存款凭条（单据 1－10）。

【业务 1－11】 见单据簿第 9 页的库存现金盘点表（单据 1－11）。

说明：根据库存现金账面数填制库存现金盘点表。

项目 2

存货核算岗位

一、存货核算岗位职责

1. 会同有关部门拟定存货管理与核算的实施办法。

2. 审查存货的采购计划，控制采购成本，防止盲目采购。

3. 负责存货的明细核算。

4. 配合有关部门制定材料消耗定额，编制材料计划成本目录。

5. 参与库存存货的清查盘点，处理清查账务。

6. 分析存货的储备情况，防止呆滞积压。对于超过正常储备和长期呆滞积压的存货，要分析原因，提出处理建议，督促有关部门处理。

7. 进行存货价值分析，计提存货跌价准备。

二、核算方法

原材料采用计划成本法核算，材料成本差异月末集中核算；库存商品和周转材料采用实际成本法核算；发出周转材料采用先进先出法计价；按单项存货计提存货跌价准备。

三、实训程序及要求

1. 根据实训资料（一）开设原材料、库存商品、周转材料明细账。

2. 根据实训资料（二）编制记账凭证。

3. 根据记账凭证登记原材料、库存商品、周转材料明细账。

四、实训资料

（一）2016 年 12 月 1 日有关账户余额

见表 2－1 至表 2－3。

表 2-1　　账户余额表　　单位：元

总账账户	明细账户	借方余额		
		数量	计划单位成本	总成本
原材料	高碳轴承钢	50 吨	3 000.00	150 000.00
	不锈钢板	100 吨	4 000.00	400 000.00
	防锈液	100 桶	100.00	10 000.00

表 2-2　　账户余额表　　单位：元

总账账户	明细账户	借方余额		
		数量	单位成本	总成本
库存商品	深沟球轴承 6406	800 箱	600.00	480 000.00
	深沟球轴承 6408	1 000 箱	720.00	720 000.00
周转材料	包装纸箱	1 000 个	2.80	2 800.00

表 2-3　　账户余额表　　单位：元

总账账户	明细账户	借方余额	贷方余额
材料采购	高碳轴承钢	290 000.00（100 吨）	
材料成本差异		14 114.00	

（二）2016 年 12 月发生的与存货岗位相关的经济业务

【业务 2-1】 见单据簿第 9～11 页的增值税专用发票（单据 2-1-1）、增值税专用发票（单据 2-1-2）、银行汇票（多余款收账通知）（单据 2-1-3）、收料单（单据 2-1-4）。

【业务 2-2】 见单据簿第 11 页的增值税专用发票（单据 2-2-1）、转账支票存根（2-2-2）。

【业务 2-3】 见单据簿第 12 页的领料单（单据 2-3）。

【业务 2-4】 见单据簿第 12 页的收料单（单据 2-4）。

【业务 2-5】 见单据簿第 12 页的领料单（单据 2-5）。

【业务 2-6】 见单据簿第 13～15 页的增值税专用发票（单据 2-6-1）、增值税专用发票（单据 2-6-2）、银行结算业务申请书（单据 2-6-3）、收料单（单据 2-6-4）。

【业务 2-7】 见单据簿第 15、16 页的增值税专用发票（单据 2-7-1）、转账支票存根（单据 2-7-2）、入库单（ 单据 2-7-3）。

【业务 2-8】 见单据簿第 16 页的领料单（单据 2-8）。

【业务 2-9】 见单据簿第 16 页的领料单（单据 2-9）。

【业务 2-10】 见单据簿第 17 页的领料单（单据 2-10）。

【业务 2-11】 见单据簿第 17 页的出库单（单据 2-11）。

说明：采用先进先出法结转包装纸箱成本。

【业务 2-12】 见单据簿第 17 页的财产盘点报告单（单据 2-12）。

【业务 2-13】 见单据簿第 18 页的材料成本差异率计算表（单据 2-13-1）、发出材料成本差异计算表（单据 2-13-2）。

【业务 2-14】 见单据簿第 18 页的关于财产清查结果的处理意见（单据 2-14）。

【业务 2-15】 见单据簿第 19 页的存货跌价准备计算表（单据 2-15）。

项目 3

固定资产核算岗位

一、固定资产核算岗位职责

1. 会同有关部门拟定固定资产管理与核算的实施办法。
2. 负责固定资产及其折旧的明细核算。
3. 协助有关部门加强固定资产管理。
4. 会同有关部门定期进行固定资产的清查盘点。
5. 定期分析固定资产的使用效果。
6. 进行固定资产价值分析，重估使用年限，计提固定资产减值准备。

二、核算方法

采用平均年限法计算固定资产折旧；按单项固定资产估计固定资产减值损失。

三、实训程序及要求

根据实训资料（二）编制记账凭证。

四、实训资料

（一）2016 年 12 月 1 日有关账户余额

见表 3 - 1。

表 3 - 1　　账户余额表　　单位：元

总账账户	明细账户	借方余额	贷方余额
在建工程	仓库建造	500 000.00	10 000.00

（二）2016 年 12 月发生的与固定资产岗位相关的经济业务

【业务 3－1】 见单据簿第 19、20 页的增值税专用发票（单据 3－1－1）、转账支票存根（单据 3－1－2）、固定资产验收单（单据 3－1－3）。

【业务 3－2】 见单据簿第 20 页的转账支票存根（单据 3－2－1）、增值税专用发票（单据 3－2－2）。

【业务 3－3】 见单据簿第 21、22 页的固定资产报废申请表（单据 3－3－1）、增值税专用发票（单据 3－3－2）、收料单（单据 3－3－3）、固定资产清理净损益计算单（单据 3－3－4）。

【业务 3－4】 见单据簿第 22 页的增值税专用发票（单据 3－4－1）、转账支票存根（单据 3－4－2）。

【业务 3－5】 见单据簿第 23 页的财产盘点报告单（单据 3－5）。

说明：直流电机已提折旧 3 600 元。

【业务 3－6】 见单据簿第 23 页的固定资产验收单（单据 3－6）。

【业务 3－7】 见单据簿第 23 页的关于财产清查结果的处理意见（单据 3－7）。

【业务 3－8】 见单据簿第 24 页的固定资产折旧提取计算表（单据 3－8）。

【业务 3－9】 见单据簿第 24 页的固定资产减值准备提取计算表（单据 3－9）。

项目 4

工资薪酬核算岗位

一、工资薪酬核算岗位职责

1. 按规定按月计算职工工资、奖金、离退休人员的离退休金及各种代扣款项。

2. 监督企业正确地核算工资基金的使用情况，并会同人事部门按批准的工资奖金计划，严格审核，正确、及时地发放工资。

3. 根据税务部门有关个人所得税的征管规定，按扣税标准对职工个人所得税进行代扣。

4. 按照市房改办有关规定和人事部门的通知办理住房公积金的计算、变更、汇缴、转移和发放工作，并按规定做好住房公积金的辅助账登记工作。

5. 计提职工福利和工会经费、职工教育经费，并进行账务处理。

6. 按照工资的用途和领用部门，合理地分配工资费用，正确地计算产品成本。

7. 协助出纳人员发放工资。工资发放完毕后，要及时收回由领款人签字或盖章的工资表，附在记账凭证后或按月装订成册，并注明记账凭证编号，妥善保管，并定期全数归档。

8. 负责工资事宜的查询和解释，以及工资存折、工作卡的有关手续。

二、实训程序及要求

根据实训资料填制原始凭证、记账凭证。

三、实训资料

2016 年 12 月发生的与工资薪酬核算岗位相关的经济业务如下。

【业务 4－1】 见单据簿第 24、25 页的转账支票存根（单据 4－1－1）、银行进账单（回单）（单据 4－1－2）。

【业务 4-2】 结转工资扣款。见单据簿第 25 页的工资结算汇总表（单据 4-2）。

【业务 4-3】 见单据簿第 25 页的工资费用分配表（单据 4-3）。

【业务 4-4】 计提五险一金。见单据簿第 26 页的社保公积金计算表（单据 4-4）。

【业务 4-5】 见单据簿第 26 页的职工福利费计算表（单据 4-5）。

【业务 4-6】 见单据簿第 26 页的工会经费、职工教育经费计算表（单据 4-6）。

【业务 4-7】 见单据簿第 27 页的电子缴税付款凭证（单据 4-7）。

【业务 4-8】 见单据簿第 27 页的电子缴税付款凭证（单据 4-8）。

【业务 4-9】 见单据簿第 28 页的职工困难补助申请（单据 4-9）。

【业务 4-10】 见单据簿第 28 页的增值税普通发票（单据 4-10）。

项目5

税务核算岗位

一、税务核算岗位职责

1. 负责增值税专用发票、普通发票、建安劳务发票的申领和购买。

2. 负责日常开具增值税发票、普通发票、建安劳务发票。

3. 严格对各种发票，特别是增值税专用发票进行审核，及时进行发票认证。

4. 负责对已使用的发票进行装订成册、入档保管，对未使用的空白发票做好库存管理；按照税务发票的管理规定，对填写错的发票进行冲票或重新开具正确的发票。

5. 根据企业营业范围和实际经营情况，办理税收减免和退税的申请及申报；负责涉税业务的账务处理及核对工作。

6. 负责编制国税、地税需要的各种报表，按时进行地税及国税的纳税申报；对纳税申报、税负情况进行综合分析，提出合理化建议。

7. 办理税务登记及变更等有关事项；负责地税、国税所得税汇算清缴、财产报损等纳税鉴证工作。

8. 配合完成税务部门安排的各种检查以及其他工作。

二、实训程序及要求

1. 根据实训资料（一）开设应交增值税明细账。

2. 根据实训资料（二）的业务完成相应要求，登记应交增值税明细账。

3. 编制增值税纳税申报表及附表。

4. 填制缴款书并编制缴税的记账凭证。

三、实训资料

（一）2016年12月1日有关账户余额

见表5-1。

表 5-1　　账户余额表　　单位：元

总账账户	明细账户	借方余额	贷方余额
应交税费	应交增值税（进项税额）	6 585.00	

（二）2016年12月发生的与税务核算岗位相关的经济业务

【业务5-1】 企业购入不锈钢板一批，增值税专用发票上注明货款100 000元，增值税额17 000元，货物尚未到达，货款和进项税款已用银行存款支付。企业的有关会计分录如下。

借：材料采购　　100 000

　　应交税费——应交增值税（进项税额）　　17 000

　贷：银行存款　　117 000

【业务5-2】 企业从江西红旗机械厂购入机床一台，不需要安装，价款及运输保险等费用合计200 000元，增值税专用发票上注明的增值税额34 000元，款项尚未支付。企业的有关会计分录如下。

借：固定资产　　200 000

　　应交税费——应交增值税（进项税额）　　34 000

　贷：应付账款——江西红旗机械厂　　234 000

【业务5-3】 企业生产车间委托外单位修理机器设备，对方开来的专用发票上注明修理费用10 000元，增值税额1 700元，款项已用银行存款支付。企业的有关会计分录如下。

借：制造费用　　10 000

　　应交税费——应交增值税（进项税额）　　1 700

　贷：银行存款　　11 700

【业务5-4】 企业从北京运华油漆厂购入防锈液一批，增值税专用发票上注明货款90 000元，增值税税额15 300元；另外向运输公司支付运输费用5 000元，增值税税额550元。货物已运抵并验收入库。货款、税额和运输费用已用银行存款支付。增值税税率为17%，运输费用的进项税额扣除率为7%。企业的有关会计分录如下。

借：材料采购　　94 650

　　应交税费——应交增值税（进项税额）　　15 650

　贷：银行存款　　110 300

【业务5-5】 企业库存材料因意外火灾（非自然灾害）毁损一批，有关增值税专用发票确认的成本为10 000元，增值税额1 700元。企业的有关会计分录如下。

借：待处理财产损溢——待处理流动资产损溢　　11 700

　贷：原材料　　10 000

应交税费——应交增值税（进项税额转出） 1 700

【业务 5-6】 企业所属的职工食堂维修领用不锈钢板 5 000 元，其购入时支付的增值税为 850 元。企业的有关会计分录如下。

借：应付职工薪酬——职工福利 5 850

贷：原材料 5 000

应交税费——应交增值税（进项税额转出） 850

【业务 5-7】 企业销售给南海红星厂深沟球 6408 一批，价款 500 000 元，按规定应收取增值税额 85 000 元，提货单和增值税专用发票已交给买方，款项尚未收到。企业的有关会计分录如下。

借：应收账款——南海红星厂 585 000

贷：主营业务收入 500 000

应交税费——应交增值税（销项税额） 85 000

【业务 5-8】 企业为外单位代加工桌椅 200 个，每个收取加工费 100 元，适用的增值税税率为 17%，加工完成，款项已收到并存入银行。企业的有关会计分录如下。

借：银行存款 23 400

贷：主营业务收入 20 000

应交税费——应交增值税（销项税额） 3 400

【业务 5-9】 企业将自己生产的轴承用于制作员工食堂餐车。该批产品的成本为 20 000 元，计税价格为 30 000 元，增值税税率为 17%。企业的有关会计分录如下。

借：在建工程 25 100

贷：库存商品 20 000

应交税费——应交增值税（销项税额） 5 100

企业领用自己生产产品的销项税额＝30 000×17%＝5 100（元）。

【业务 5-10】 企业出售一台不需要的设备，设备原值 300 000 元，已提折旧60 000元，未曾计提减值准备；出售价款 200 000 元，增值税税率 17%，增值税税额34 000元，开出增值税专用发票。收到一张面额为 234 000 元的支票，送存银行。请根据表 5-2 开具增值税专用发票，见单据簿第 28、29 页的增值税专用发票（单据 5-10-1、单据 5-10-2、单据 5-10-3）。同时，根据开具好的增值税专用发票和银行进账单（收账通知）（单据簿第 30 页的单据 5-10-4）进行账务处理。

表 5-2　　开票信息

购销方信息	销售方信息	购买方信息
名称	盟江轴承有限公司	南海广信机械制造厂
纳税人识别号	914406052365011782	914406052300953211
地址、电话	南海市长安路7号 0757-8877261	南海市和兴路92号 0757-8633782
开户行及账号	中国工商银行新阳支行 2860300600037678336	中国工商银行和兴支行 2860200700054707003

【业务5-11】　计算12月应交增值税。见单据簿第30页的应交增值税计算表（单据5-11）。

【业务5-12】　计算12月应交城建税及教育费附加，并编制会计分录。见单据簿第30页的应交城建税、应交教育费附加计算表（单据5-12）。

说明：请登录 www. xuewent. com 进行模拟报税实训。

项目 6

债权债务核算岗位

一、债权债务核算岗位职责

1. 建立往来款项结算制度。

2. 负责各种往来款项的明细核算。

3. 及时催收各种应收、暂付款项，清偿应付、暂收款项，做好结算工作。

4. 定期与往来单位对账，进行账款的清查核对，查明不符的原因，报经批准处理。

5. 期末进行应收款项坏账可能性分析，计提坏账准备金。

6. 办理应收票据贴现等业务。

二、实训程序及要求

1. 根据实训资料（一）开设应收账款、坏账准备明细账。

2. 根据实训资料（二）编制记账凭证。

3. 根据记账凭证登记应收账款明细账。

三、实训资料

（一）2016 年 12 月 1 日有关账户余额（见表 6－1）

表 6－1 **账户余额表** 单位：元

总账账户	明细账户	借方余额	贷方余额
应收账款	南方公司	30 000.00	
	华光公司	1 230 000.00	
	锦江配件厂	512 800.00	

续前表

总账账户	明细账户	借方余额	贷方余额
	金鑫商贸公司	100 000.00	
预付账款	南海市华南钢铁厂	100 000.00	
应付账款	南海市四方化工厂		10 000.00
	鞍山钢铁集团		350 000.00
坏账准备			14 000.00

（二）2016 年 12 月发生的与债权债务结算岗位相关的经济业务

【业务 6-1】 见单据簿第 31 页的转账支票存根（单据 6-1）。

【业务 6-2】 见单据簿第 31、32 页的增值税专用发票（单据 6-2-1）、增值税专用发票（单据 6-2-2）、托收凭证（受理回单）（单据 6-2-3）、转账支票存根（单据 6-2-4）。

【业务 6-3】 见单据簿第 33 页的增值税专用发票（单据 6-3-1）、入库单（单据 6-3-2）。

【业务 6-4】 见单据簿第 34 页的增值税专用发票（单据 6-4）。

【业务 6-5】 见单据簿第 34、35 页的增值税专用发票（单据 6-5-1）、银行承兑汇票（单据 6-5-2）。

【业务 6-6】 见单据簿第 35、36 页的增值税专用发票（单据 6-6-1）、银行信汇凭证（回单）（单据 6-6-2）。

【业务 6-7】 见单据簿第 36 页的托收凭证（汇款依据或收账通知）（单据 6-7）。

【业务 6-8】 见单据簿第 37、38 页的增值税专用发票（单据 6-8-1）、增值税专用发票（单据 6-8-2）、购销折扣合同（单据 6-8-3）。

【业务 6-9】 见单据簿第 38 页的托收凭证（汇款依据或收账通知）（单据 6-9）。

【业务 6-10】 见单据簿第 39 页的坏账损失申请单（单据 6-10）。

【业务 6-11】 见单据簿第 39 页的银行进账单（收账通知）（单据 6-11-1）、购销折扣合同（单据 6-11-2）。

【业务 6-12】 见单据簿第 40 页的收款收据（单据 6-12）。

【业务 6-13】 见单据簿第 40 页的贴现凭证（收款通知）（单据 6-13）。

【业务 6-14】 见单据簿第 40 页的坏账准备提取计算表（单据 6-14）。

项目7

资金核算岗位

一、资金核算岗位职责

1. 拟定资金管理和核算办法。
2. 编制资金的收支计划。
3. 负责资金的调度。
4. 负责权益资金和债务资金筹集的明细分类核算。
5. 负责企业各项投资的明细分类核算。
6. 负责分析资金筹集成本和投资收益等。

二、实训程序及要求

1. 根据实训资料（一）开设明细账。
2. 根据实训资料（二）编制记账凭证。
3. 根据记账凭证登记相关明细账。

三、实训资料

（一）2016年12月1日有关账户余额

见表7－1。

表7－1 **账户余额表** 单位：元

总账账户	明细账户	借方余额	贷方余额
其他货币资金	存出投资款	500 000.00	
交易性金融资产	东风（成本）	100 000.00（5 000股）	
	东风（公允价值变动）	10 000.00	
短期借款	生产周期借款		300 000.00
长期借款	厂房扩建		50 000 000.00

（二）2016 年 12 月发生的与资金岗位相关的经济业务

【业务 7-1】 见单据簿第 41 页的成交过户交割凭单（单据 7-1）。

【业务 7-2】 见单据簿第 41、42 页的投资协议书（摘录）（单据 7-2-1）、银行进账单（收账通知）（单据 7-2-2）、收款收据（单据 7-2-3）。

【业务 7-3】 见单据簿第 42 页的银行业务回单（付款）（单据 7-3）。

【业务 7-4】 见单据簿第 42 页的成交过户交割凭单（单据 7-4）。

【业务 7-5】 见单据簿第 43 页的关于资本公积转增资本的决议（单据 7-5）。

【业务 7-6】 见单据簿第 43 页的借款凭证（单据 7-6）。

【业务 7-7】 见单据簿第 44 页的银行利息凭证（单据 7-7）。

【业务 7-8】 见单据簿第 44 页的长期借款利息计算表（单据 7-8）。

说明：12 月 1—31 日厂房在建，该借款到期一次还本付息。

【业务 7-9】 见单据簿第 44 页的公允价值变动损益计算表（单据 7-9）。

项目 8

收入、费用及利润核算岗位

一、收入、费用及利润核算岗位职责

1. 参与企业收入、费用计划的制订，并监督执行。

2. 销售收入的确认与计量，销售收入的账务处理及销售明细账的设置，销售发票和结算凭证的填写。

3. 负责销售核算，核实销售往来。

4. 根据销货发票等有关凭证，正确计算销售收入以及劳务等其他各项收入，按照国家有关规定计算税金。

5. 分析比较销售成本，做好成本日常控制；进行内部成本核算及业绩考核。

6. 结转收入、成本与费用，严格审查营业外支出，正确核算利润。对公司所得税有影响的项目，应注意调整应纳税所得额。

7. 根据本月发生的经济业务编制记账凭证；根据记账凭证设置收入、营业成本、税金及附加账簿，负责进行营业收入、营业成本、税金及附加的会计核算；逐笔登记“主营业务收入”“主营业务成本”等明细账；根据记账凭证编制科目汇总表登记相关总账。

8. 汇总收入类数据，编制收入报表；汇总费用类数据，编制成本费用报表。

9. 编制损益类账户结转本年利润和净损益结转利润分配的记账凭证。

10. 编制利润分配的记账凭证。

二、实训程序及要求

根据实训资料（二）填制原始凭证、记账凭证，销售成本月末集中结转。

三、实训资料

（一）2016 年 1—11 月本年利润账户发生额

见表 8 - 1。

表 8-1　　本年利润账户发生额　　单位：元

账户	借方发生额	贷方发生额
本年利润		1 390 000

（二）2016 年 12 月发生的与收入、费用及利润核算岗位相关的经济业务

【业务 8-1】 见单据簿第 45 页的收款收据（单据 8-1-1）、银行信汇凭证（收账通知）（单据 8-1-2）。

【业务 8-2】 见单据簿第 46 页的增值税专用发票（单据 8-2-1）、转账支票存根（单据 8-2-2）。

【业务 8-3】 见单据簿第 46、47 页的代销协议（简）（单据 8-3-1）、出库单（单据 8-3-2）。

【业务 8-4】 见单据簿第 47～49 页的增值税专用发票（单据 8-4-1）、增值税专用发票（单据 8-4-2）、托收凭证（受理回单）（单据 8-4-3）、转账支票存根（单据 8-4-4）、出库单（单据 8-4-5）。

【业务 8-5】 见单据簿第 49 页的增值税专用发票（单据 8-5）。

【业务 8-6】 见单据簿第 50、51 页的增值税专用发票（单据 8-6-1）、银行进账单（收账通知）（单据 8-6-2）、出库单（单据 8-6-3）。

【业务 8-7】 见单据簿第 51、52 页的固定资产出售交接单（单据 8-7-1）、增值税专用发票（单据 8-7-2）、银行进账单（收账通知）（单据 8-7-3）、固定资产清理净损益计算单（单据 8-7-4）。

【业务 8-8】 见单据簿第 52、53 页的收款收据（单据 8-8-1）、转账支票存根（单据 8-8-2）。

【业务 8-9】 见单据簿第 53 页的增值税普通发票（单据 8-9-1）、银行进账单（收账通知）（单据 8-9-2）。

说明：专利权原始价值 90 000 元，已摊销 10 000 元。

【业务 8-10】 见单据簿第 54 页的托收凭证（汇款依据或收账通知）（单据 8-10）。

【业务 8-11】 见单据簿第 54、55 页的公益性单位接受捐赠统一收据（单据 8-11-1）、转账支票存根（单据 8-11-2）。

【业务 8-12】 见单据簿第 55 页的增值税普通发票（单据 8-12-1）、银行业务回单（付款）（单据 8-12-2）。

【业务 8-13】 见单据簿第 56 页的银行利息凭证（单据 8-13）。

【业务 8-14】 见单据簿第 56 页的银行业务回单（付款）（单据 8-14）。

【业务 8-15】 见单据簿第 57 页的增值税专用发票（单据 8-15-1）、出库单（单据 8-15-2）。

【业务8-16】 见单据簿第57、58页的现金股利通知单（单据8-16-1）、银行进账单（收账通知）（单据8-16-2）。

【业务8-17】 见单据簿第58页的增值税专用发票（单据8-17-1）、转账支票存根（单据8-17-2）。

【业务8-18】 见单据簿第59、60页的增值税专用发票（单据8-18-1）、代销清单（单据8-18-2）、增值税专用发票（单据8-18-3）、银行进账单（收账通知）（单据8-18-4）。

【业务8-19】 见单据簿第60、61页的退货申请书（单据8-19-1）、增值税专用发票（单据8-19-2）、转账支票存根（单据8-18-3）、企业进货退出及索取折让证明单（单据8-18-4）、产成品入库单（单据8-19-5）。

【业务8-20】 见单据簿第62页的应交城建税、应交教育费附加计算表（单据8-20-1）。

【业务8-21】 见单据簿第62页的销售商品成本计算单（单据8-21-1）、委托代销商品成本计算单（单据8-21-2）、销售材料成本计算单（单据8-21-3）。

【业务8-22】 见单据簿第63页的企业所得税计算表（单据8-22）。

说明：假设会计计税基础与税法计税基础相同。

【业务8-23】 见单据簿第63页的损益类账户发生额（单据8-23）。

【业务8-24】 12月31日，结转全年实现的净利润。

【业务8-25】 12月31日，按10%提取法定盈余公积金。

【业务8-26】 12月31日，将“利润分配”各明细账户的余额转入“利润分配——未分配利润”账户。

项目 9

总账岗位

一、总账岗位职责

1. 根据审核无误的记账凭证、科目汇总表等登记总分类账。

2. 参与制定经营成果要素计划、开支预算、资本投资、成本标准等。

3. 期末根据账簿记录编制资产负债表、利润表、现金流量表和所有者权益变动表及附注等。

4. 利用会计报表等资料进行财务分析。

二、实训程序及要求

1. 根据实训资料（一）、（二）编制 2016 年 2 月份总分类账户余额表和资产负债表。

2. 根据实训资料（一）、（二）编制 2016 年 2 月份利润表。

三、实训资料

（一）盟江轴承有限公司 2016 年 1 月 31 日资产负债表

见表 9－1。

表 9－1　　资产负债表

会企 01 表

编制单位：盟江轴承有限公司　　2016 年 1 月 31 日　　单位：万元

资　　产	行次	期初余额（略）	期末余额	负债和所有者权益（或股东权益）	行次	期末余额（略）	期初余额
流动资产：				流动负债：			
货币资金			500	短期借款			260
交易性金融资产			80	交易性金融负债			

续前表

资　　产	行次	期初余额（略）	期末余额	负债和所有者权益（或股东权益）	行次	期末余额（略）	期初余额
应收票据			30	应付票据			160
应收账款			30	应付账款			100
预付账款			2	预收账款			34
应收股利				应付职工薪酬			24
应收利息				应交税费			16
其他应收款			4	应付利息			
存货			364	应付股利			
其中：消耗性生物资产				其他应付款			2
一年内到期的非流动资产				预计负债			
其他流动资产				一年内到期的非流动负债			
流动资产合计			1 010	其他流动负债			
非流动资产：				流动负债合计			596
可供出售金融资产				非流动负债：			
持有至到期投资				长期借款			460
投资性房地产				应付债券			200
长期股权投资			200	长期应付款			
长期应收款				专项应付款			
固定资产			2 400	递延所得税负债			
在建工程			170	其他非流动负债			
工程物资				非流动负债合计			660
固定资产清理				负债合计			1 256
生产性生物资产				所有者权益（或股东权益）：			
无形资产			20	实收资本			2 000
开发支出				资本公积			
商誉				盈余公积			304
长期待摊费用				未分配利润			240
递延所得税资产							
其他非流动资产				所有者权益合计			2 544
非流动资产合计			2 790				
资产总计			3 800	负债和所有者总计			3 800

（二）盟江轴承有限公司 2016 年 2 月份发生如下业务

【业务 9－1】 2 月 1 日，购入不锈钢板一批，增值税专用发票上注明的价款为 100 万元，增值税 17 万元，材料未到，货款尚未支付。

【业务 9－2】 2 月 3 日，销售深沟球 6408，增值税专用发票上注明的价款为 160 万元，增值税 27.2 万元，货款已经收到并存入银行。产品已经发出，成本 100 万元。

【业务 9－3】 2 月 4 日，销售高碳轴承钢，增值税专用发票上注明的价款为 18 万元，增值税 3.06 万元，货款尚未收到。材料已经发出，成本 10 万元。

【业务 9－4】 2 月 4 日，分配职工工资 12 万元。其中，生产车间工人工资 8 万元，车间管理人员工资 2 万元，行政管理人员工资 2 万元。

【业务 9－5】 2 月 12 日，对红星公司的长期股权投资采用权益法核算，持股比例 20%，红星公司 2015 年度实现净利润 200 万元。

【业务 9－6】 2 月 13 日，向银行借入短期借款 40 万元，银行已转账。

【业务 9－7】 2 月 14 日，签发支票支付广告费 2 万元。

【业务 9－8】 2 月 15 日，签发支票支付出包工程款 100 万元。

【业务 9－9】 2 月 18 日，偿还长期借款 200 万元。

【业务 9－10】 2 月 19 日，出售一台不需用的设备，设备原值 110 万元，已提折旧 40 万元，出售收入 60 万元，发生清理费用 2 万元，款项均以银行存款收支，设备清理完毕。

说明：不考虑税费。

【业务 9－11】 2 月 21 日，以现金支付办公用品费 0.08 万元。

【业务 9－12】 2 月 21 日，出包工程完工验收，达到预定使用状态，结转工程成本 270 万元。

【业务 9－13】 2 月 23 日，支付短期借款利息 1 万元。

【业务 9－14】 2 月 25 日，计算本月应交城市维护建设税 6 万元，应交教育费附加 4 万元。

【业务 9－15】 2 月 28 日，计提本月存货跌价准备 8 万元。

【业务 9－16】 2 月 28 日，计提本月固定资产折旧 50 万元，其中，生产车间固定资产折旧 40 万元，行政管理部门固定资产折旧 10 万元。

【业务 9－17】 2 月 28 日，摊销无形资产价值 0.4 万元。

【业务 9－18】 2 月 28 日，缴纳本月应交增值税 20 万元，应交城市维护建设税 6 万元，应交教育费附加 4 万元。

【业务 9－19】 2 月 28 日，结转制造费用。

【业务 9－20】 2 月 28 日，计算本月应交所得税，所得税税率 25%，假定无纳税调整项目。

【业务 9－21】 2 月 28 日，结转本年利润。

资产负债表见表 9－2，利润表见表 9－3。

表 9－2 **资产负债表** 会企 01 表

编制单位：盟江轴承有限公司 年 月 日 单位：万元

资　　产	行次	期初余额	期末余额	负债和所有者权益（或股东权益）	行次	期初余额	期末余额
流动资产：				流动负债：			
货币资金	1			短期借款	32		
交易性金融资产	2			交易性金融负债	33		
应收票据	3			应付票据	34		
应收账款	4			应付账款	35		
预付账款	5			预收账款	36		
应收股利	6			应付职工薪酬	37		
应收利息	7			应交税费	38		
其他应收款	8			应付利息	39		
存货	9			应付股利	40		
其中：消耗性生物资产	10			其他应付款	41		
一年内到期的非流动资产	11			预计负债	42		
其他流动资产	12			一年内到期的非流动负债	43		
流动资产合计	13			其他流动负债	44		
非流动资产：				流动负债合计	45		
可供出售金融资产	14			非流动负债：			
持有至到期投资	15			长期借款	46		
投资性房地产	16			应付债券	47		
长期股权投资	17			长期应付款	48		
长期应收款	18			专项应付款	49		
固定资产	19			递延所得税负债	50		
在建工程	20			其他非流动负债	51		
工程物资	21			非流动负债合计	52		
固定资产清理	22			负债合计	53		

续前表

资　　产	行次	期初余额	期末余额	负债和所有者权益（或股东权益）	行次	期初余额	期末余额
生产性生物资产	23			所有者权益(或股东权益)：			
无形资产	24			实收资本	54		
开发支出	25			资本公积	55		
商誉	26			盈余公积	56		
长期待摊费用	27			未分配利润	57		
递延所得税资产	28						
其他非流动资产	29			所有者权益合计	58		
非流动资产合计	30						
资产总计	31			负债和所有者总计	59		

表 9－3　　**利润表**　　会企 02 表

编制单位：　　年　　月　　日　　单位：万元

项　　目	行次	本期金额	上期金额
一、营业收入	1		
减：营业成本	2		
税金及附加	3		
销售费用	4		
管理费用	5		
财务费用	6		
资产减值损失	7		
加：公允价值变动收益（损失以“－”填列）	8		
投资收益（损失以“－”填列）	9		
其中：对联营企业和合营企业的投资收益	10		
二、营业利润（亏损以“－”填列）	11		
加：营业外收入	12		
减：营业外支出	13		
其中：非流动资产处置损失	14		
三、利润总额（亏损总额以“－”填列）	15		
减：所得税费用	16		

续前表

项　　目	行次	本期金额	上期金额
四、净利润（净亏损以“—”填列）	17		
五、每股收益	18		
（一）基本每股收益	19		
（二）稀释每股收益	20		
六、其他综合收益	21		
七、综合收益综合	22		

图书在版编目(CIP)数据

财务会计分岗实训：手工实操与在线实训/孙雨南主编. —北京：中国人民大学出版社，2017.7
（会计手工实操与在线实训系列规划教材）
ISBN 978-7-300-24487-7

Ⅰ.①财… Ⅱ.①孙… Ⅲ.①财务会计-教材 Ⅳ.①F234.4

中国版本图书馆CIP数据核字（2017）第123150号

会计手工实操与在线实训系列规划教材
财务会计分岗实训——手工实操与在线实训
孙雨南 主 编
Caiwu Kuaiji Fengang Shixun—Shougong Shicao yu Zaixian Shixun

---

出版发行	中国人民大学出版社		
社　　址	北京中关村大街31号	**邮政编码**	100080
电　　话	010－62511242（总编室）		010－62511770（质管部）
	010－82501766（邮购部）		010－62514148（门市部）
	010－62515195（发行公司）		010－62515275（盗版举报）
网　　址	http://www.crup.com.cn		
	http://www.ttrnet.com（人大教研网）		
经　　销	新华书店		
印　　刷	北京昌联印刷有限公司		
规　　格	185 mm×260 mm　16开本	**版　　次**	2017年7月第1版
印　　张	11　插页1	**印　　次**	2017年7月第1次印刷
字　　数	114 000	**定　　价**	49.80元

财务会计分岗实训
单据簿

财务会计分岗实训单据目录表

项目	业务序号	业务摘要	原始单据		
			序号	名称	页码
项目1 出纳岗位	1－1	提取现金	1－1	现金支票	1
	1－2	借款	1－2	借款单	2
	1－3	购买办公用品	1－3	增值税专用发票	2
	1－4	购买材料	1－4	银行结算业务申请书	3
	1－5	收到银行汇票余款	1－5－1	增值税专用发票	4
			1－5－2	银行汇票（多余款收账通知）	4
	1－6	收到欠款	1－6	信汇凭证（收账通知）	5
	1－7	报销差旅费	1－7－1	差旅费报销单	5
			1－7－2	火车票	6
			1－7－3	火车票	6
			1－7－4	增值税普通发票	6
			1－7－5	收款收据	7
	1－8	预付设备款	1－8	转账支票存根	7
	1－9	销售轴承	1－9－1	增值税专用发票	7
			1－9－2	银行进账单（收账通知）	8
	1－10	存现	1－10	现金存款凭条	8
	1－11	现金盘点	1－11	库存现金盘点表	9
项目2 存货核算岗位	2－1	购买不锈钢板	2－1－1	增值税专用发票	9
			2－1－2	增值税专用发票	10
			2－1－3	银行汇票（多余款收账通知）	10
			2－1－4	收料单	11
	2－2	购买防锈液	2－2－1	增值税专用发票	11
			2－2－2	转账支票存根	11
	2－3	生产车间领料	2－3	领料单	12
	2－4	高碳轴承钢入库	2－4	收料单	12
	2－5	生产车间领料	2－5	领料单	12

续前表

项目	业务序号	业务摘要	原始单据		
			序号	名称	页码
项目2 存货核算岗位	2-6	购买高碳轴承钢	2-6-1	增值税专用发票	13
			2-6-2	增值税专用发票	13
			2-6-3	银行结算业务申请书	14
			2-6-4	收料单	15
	2-7	购买纸箱	2-7-1	增值税专用发票	15
			2-7-2	转账支票存根	15
			2-7-3	入库单	16
	2-8	生产车间领料	2-8	领料单	16
	2-9	生产车间领料	2-9	领料单	16
	2-10	生产车间领料	2-10	领料单	17
	2-11	领用包装纸箱	2-11	出库单	17
	2-12	财产盘点	2-12	财产盘点报告单	17
	2-13	计算材料成本差异	2-13-1	材料成本差异率计算表	18
			2-13-2	发出材料成本差异计算表	18
	2-14	财产清查处理意见	2-14	关于财产清查结果的处理意见	18
	2-15	存货跌价准备计算	2-15	存货跌价准备计算表	19
项目3 固定资产岗位核算	3-1	购买设备	3-1-1	增值税专用发票	19
			3-1-2	转账支票存根	19
			3-1-3	固定资产验收单	20
	3-2	支付工程款	3-2-1	转账支票存根	20
			3-2-2	增值税专用发票	20
	3-3	固定资产报废	3-3-1	固定资产报废申请表	21
			3-3-2	增值税专用发票	21
			3-3-3	收料单	21
			3-3-4	固定资产清理净损益计算单	22

续前表

项目	业务序号	业务摘要	原始单据		
			序号	名称	页码
项目3 固定资产岗位核算	3-4	支付汽车修理费	3-4-1	增值税专用发票	22
			3-4-2	转账支票存根	22
	3-5	财产盘点	3-5	财产盘点报告单	23
	3-6	固定资产验收	3-6	固定资产验收单	23
	3-7	财产清查处理意见	3-7	关于财产清查结果的处理意见	23
	3-8	固定资产计提折旧	3-8	固定资产折旧提取计算表	24
	3-9	估计资产减值准备	3-9	固定资产减值准备提取计算表	24
项目4 工资薪酬核算岗位	4-1	发放工资	4-1-1	转账支票存根	24
			4-1-2	银行进账单（回单）	25
	4-2	结转工资扣款	4-2	工资结算汇总表	25
	4-3	工资费用分配	4-3	工资费用分配表	25
	4-4	计提五险一金	4-4	社保公积金计算表	26
	4-5	计提职工福利费	4-5	职工福利费计算表	26
	4-6	计提工会经费、教育经费	4-6	工会经费、职工教育经费计算表	26
	4-7	缴纳社保	4-7	电子缴税付款凭证	27
	4-8	缴纳个人所得税	4-8	电子缴税付款凭证	27
	4-9	发放职工困难补助	4-9	职工困难补助申请	28
	4-10	职工培训	4-10	增值税普通发票	28
项目5 税务核算岗位	5-1	购入不锈钢钢	—	—	—
	5-2	购入机床	—	—	—
	5-3	修理机器设备	—	—	—
	5-4	购入防锈液	—	—	—
	5-5	库存材料意外火灾损毁	—	—	—
	5-6	职工食堂领用不锈钢	—	—	—
	5-7	销售产品	—	—	—
	5-8	代加工桌椅	—	—	—
	5-9	自产轴承用于食堂餐车	—	—	—

续前表

项目	业务序号	业务摘要	原始单据		
			序号	名称	页码
项目5 税务核算岗位	5－10	出售设备	5－10－1	增值税专用发票（记账联）	28
			5－10－2	增值税专用发票（抵扣联）	29
			5－10－3	增值税专用发票（发票联）	29
			5－10－4	银行进账单（收账通知）	30
	5－11	计算应交增值税	5－11	应交增值税计算表	30
	5－12	计算城建税及教育费附加	5－12	应交城建税、应交教育费附加计算表	30
项目6 债权债务结算岗位	6－1	偿还欠款	6－1	转账支票存根	31
	6－2	销售轴承	6－2－1	增值税专用发票	31
			6－2－2	增值税专用发票	31
			6－2－3	托收凭证（受理回单）	32
			6－2－4	转账支票存根	32
	6－3	购买纸箱	6－3－1	增值税专用发票	33
			6－3－2	入库单	33
	6－4	销售轴承	6－4	增值税专用发票	34
	6－5	销售轴承	6－5－1	增值税专用发票	34
			6－5－2	银行承兑汇票	35
	6－6	购买不锈钢板	6－6－1	增值税专用发票	35
			6－6－2	银行信汇凭证（回单）	36
	6－7	收到销货款	6－7	托收凭证（汇款依据或收账通知）	36
	6－8	销售轴承	6－8－1	增值税专用发票	37
			6－8－2	增值税专用发票	37
			6－8－3	购销折扣合同	38
	6－9	收到销货款	6－9	托收凭证（汇款依据或收账通知）	38
	6－10	应收账款转作坏账	6－10	坏账损失申请单	39
	6－11	收到销货款	6－11－1	银行进账单（收账通知）	39
			6－11－2	购销折扣合同	39

续前表

项目	业务序号	业务摘要	原始单据		
			序号	名称	页码
项目6 债权债务结算岗位	6－12	收取包装物押金	6－12	收款收据	40
	6－13	银行承兑汇票贴现	6－13	贴现凭证（收款通知）	40
	6－14	提取坏账准备	6－14	坏账准备提取计算表	40
项目7 资金核算岗位	7－1	股票成交过户	7－1	成交过户交割凭单	41
	7－2	接受投资	7－2－1	投资协议书（摘录）	41
			7－2－2	银行进账单（收账通知）	41
			7－2－3	收款收据	42
	7－3	归还贷款	7－3	银行业务回单（付款）	42
	7－4	股票成交过户	7－4	成交过户交割凭单	42
	7－5	资本公积转增资本	7－5	关于资本公积转增资本的协议	43
	7－6	流动资金借款	7－6	借款凭证	43
	7－7	归还贷款利息	7－7	银行利息凭证	44
	7－8	长期借款还本付息	7－8	长期借款利息计算表	44
	7－9	公允价值变动损益	7－9	公允价值变动损益计算表	44
项目8 收入、费用及利润核算岗位	8－1	收到预付货款	8－1－1	收款收据	45
			8－1－2	银行信汇凭证（收账通知）	45
	8－2	支付广告费	8－2－1	增值税专用发票	46
			8－2－2	转账支票存根	46
	8－3	轴承代销	8－3－1	代销协议（简）	46
			8－3－2	出库单	47
	8－4	销售轴承	8－4－1	增值税专用发票	47
			8－4－2	增值税专用发票	48
			8－4－3	托收凭证（受理回单）	48
			8－4－4	转账支票存根	49
			8－4－5	出库单	49
	8－5	销售高碳轴承钢	8－5	增值税专用发票	49

续前表

项目	业务序号	业务摘要	原始单据		
			序号	名称	页码
项目8 收入、费用及利润核算岗位	8－6	销售纸箱	8－6－1	增值税专用发票	50
			8－6－2	银行进账单（收账通知）	50
			8－6－3	出库单	51
	8－7	固定资产出售	8－7－1	固定资产出售交接单	51
			8－7－2	增值税专用发票	51
			8－7－3	银行进账单（收账通知）	52
			8－7－4	固定资产清理净损益计算单	52
	8－8	支付违约金	8－8－1	收款收据	52
			8－8－2	转账支票存根	53
	8－9	出售专利技术	8－9－1	增值税普通发票	53
			8－9－2	银行进账单（收账通知）	53
	8－10	收到销货款	8－10	托收凭证（汇款依据或收账通知）	54
	8－11	向灾区捐款	8－11－1	公益性单位接受捐赠统一收据	54
			8－11－2	转账支票存根	55
	8－12	交纳通信费	8－12－1	增值税普通发票	55
			8－12－2	银行业务回单（付款）	55
	8－13	收到利息	8－13	银行利息凭证	56
	8－14	支付工本费、手续费	8－14	银行业务回单（付款）	56
	8－15	销售轴承	8－15－1	增值税专用发票	57
			8－15－2	出库单	57
	8－16	收到现金股利	8－16－1	现金股利通知单	57
			8－16－2	银行进账单（收账通知）	58
	8－17	支付交强险	8－17－1	增值税专用发票	58
			8－17－2	转账支票存根	58

续前表

项目	业务序号	业务摘要	原始单据		
			序号	名称	页码
项目8 收入、费用及利润核算岗位	8－18	收到代销轴承款	8－18－1	增值税专用发票	59
			8－18－2	代销清单	59
			8－18－3	增值税专用发票	59
			8－18－4	银行进账单（收账通知）	60
	8－19	支付退货款	8－19－1	退货申请书	60
			8－19－2	增值税专用发票	60
			8－19－3	转账支票存根	61
			8－19－4	企业进货退出及索取折让证明单	61
			8－19－5	产成品入库单	61
	8－20	计算城建税、教育费附加	8－20	应交城建税、应交教育费附加计算表	62
	8－21	成本计算	8－21－1	销售商品成本计算单	62
			8－21－2	委托代销商品成本计算单	62
			8－21－3	销售材料成本计算单	62
	8－22	计算企业所得税	8－22	企业所得税计算表	63
	8－23	损益类账户发生额	8－23	损益类账户发生额	63
	8－24	结转全年净利润	—	—	—
	8－25	提取法定盈余公积金	—	—	—
	8－26	将“利润分配”各明细账户余额转入“利润分配——未分配利润”账户	—	—	—

续前表

项目	业务序号	业务摘要	原始单据		
			序号	名称	页码
项目9 总账岗位	9-1	购入不锈钢板	—	—	—
	9-2	销售轴承	—	—	—
	9-3	销售高碳轴承钢	—	—	—
	9-4	分配工资	—	—	—
	9-5	核算长期股权投资	—	—	—
	9-6	银行短期借款	—	—	—
	9-7	支付广告费	—	—	—
	9-8	支付工程款	—	—	—
	9-9	偿还长期借款	—	—	—
	9-10	出售设备	—	—	—
	9-11	支付办公用品费	—	—	—
	9-12	结转工程成本	—	—	—
	9-13	支付短期借款利息	—	—	—
	9-14	计算城建税、教育费附加	—	—	—
	9-15	计提存货跌价准备	—	—	—
	9-16	计提固定资产折旧	—	—	—
	9-17	摊销无形资产	—	—	—
	9-18	缴纳增值税、城建税、教育费附加	—	—	—
	9-19	结转制造费用	—	—	—
	9-20	计算企业所得税	—	—	—
	9-21	结转本年利润	—	—	—

单据 1-1

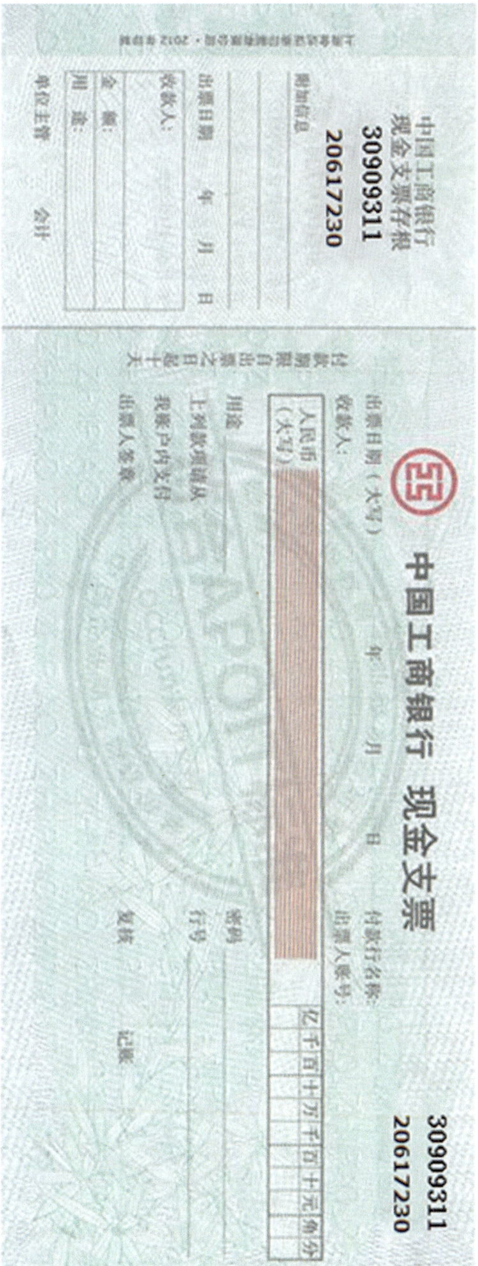

中国工商银行
现金支票存根
30909311
20617230
附加信息
出票日期　年　月　日
收款人：
金　额：
用　途：
单位主管　会计
中国工商银行　现金支票
30909311
20617230
出票日期（大写）　年　月　日
付款行名称：
收款人：
出票人账号：
人民币（大写）
亿 千 百 十 万 千 百 十 元 角 分
付款期限自出票之日起十天
用途
密码
上列款项请从
我账户内支付
行号
出票人签章
复核　记账

附加信息：

收款人签章
年 月 日

身份证件名称： 发证机关：

号码

（贴粘单处）

根据《中华人民共和国票据法》等法律法规的规定，签发空头支票由中国人民银行处以票面金额5%但不低于1000元的罚款。

上海金达证券印刷有限公司·2012年印制

单据 1－2

借款单

2016 年12月02日

借款部门	采购部	姓名	邹凯	事由	采购材料		
借款金额（大写）	零万 贰仟 零佰 零拾 零元 零角 零分 ￥ 2,000.00						
领导审批	张广文	财务审批	李伟	部门审批	王玉	出纳付款	王陵
借款人	邹凯	备注			现金付讫		

单据 1－3

南海增值税专用发票

2300036219 　　发票联 　　№ 10578709 　　2300036219 10578709

校验码 33392 34450 28847 72211 　　开票日期：2016年12月05日

购买方	名称：盟江轴承有限公司 纳税人识别号：914406052365011782 地址、电话：南海市长安路7号 0757-8877261 开户行及账号：中国工商银行新阳支行 2860300600037678336	密码区	234+2395*3-/>7142>>8--56<19 5/37503848*7>234504>-000006 2//5>*8574567-7<8*873000007 <413-3001152-/7143>>8000008

货物或应税劳务、服务名称	规格型号	单位	数量	单价	金额	税率	税额
复印纸		箱	2	158.00	316.00	17%	54.00
合计					￥316.00		￥54.00
价税合计（大写）	⊗叁佰柒拾元整				（小写）￥370.00		

销售方	名称：南海星河文具商场 纳税人识别号：91440605238913367O 地址、电话：南海市和兴路121号 0757-8633218 开户行及账号：中国工商银行和兴支行 2860200700054606350	备注	南海星河文具商场 91440605238913367O 发票专用章

收款人： 　　复核： 　　开票人：张力 　　销售方：（章）

第三联：发票联 购买方记账凭证

税总函〔2015〕562号海南华森实业公司

单据 1－4

中国工商银行 INDUSTRIAL AND COMMERCIAL BANK OF CHINA

结算业务申请书　闽　NO. 05775370

申请日期：2016年 12月 03日

业务种类：行内汇款☐　境内同业汇款☐　银行汇票☑　银行本票☐

申请人	名称	盟江轴承有限公司	收款人	名称	北京钢铁公司
	账号	2860300600037678336		账号	11080200754608l2674
	联系电话	0757-8877261		联系电话（收款人未在我行开户的须填写）	
	身份证件类型	略	汇入行名称		中国工商银行东城营业部
	身份证件号	略	汇入行地点		省 北京市（县）
金额	人民币（大写）	壹拾壹万柒仟元整	亿千百十万千百十元角分		¥11700000
扣账方式：转账☑　现金☐　其它☐			收费账号：2860300600037678336		
现金汇款请填写	国籍：　职业：		用途：		
支付密码：			附言：上述款项及相关费用同意从我账户内支付		
受理行盖章：（中国工商银行新阳支行 2016.12.03 柜面专用章）			（盟江轴承有限公司 财务专用章）核准：　经办：		

第二联 客户回单联

PT140019

单据 1-5-1

1100033220 北京增值税专用发票 № 00382820

1100033220
00382820

发票联

校验码 35590 01811 35200 03812

开票日期：2016年12月05日

购买方	
名　　称	盟江轴承有限公司
纳税人识别号	914406052365011782
地 址、电 话	南海市长安路7号 0757-8877261
开户行及账号	中国工商银行新阳支行 2860300600037678336

密码区：
58-76876*567568555598>769<0
76867>87*+006987<7687990+*1
<413-30011-+*152-/7142>>002
76587>75+-+*6857<6345790*64

货物或应税劳务、服务名称	规格型号	单位	数量	单价	金额	税率	税额
钢板		吨	200	450.00	90 000.00	17%	15 300.00
合　计					¥90 000.00		¥15 300.00
价税合计（大写）	⊗壹拾万零伍仟叁佰元整				（小写）¥105 300.00		

销售方	
名　　称	北京钢铁公司
纳税人识别号	91110000350047822N
地 址、电 话	北京市阳光路124号 010-63865661
开户行及账号	中国工商银行东城营业部 1108020075460812674

备注

收款人：　　复核：　　开票人：周健　　销售方：（章）

第三联：发票联　购买方记账凭证

（印章：北京钢铁公司 91110000350047822N 发票专用章）

单据 1-5-2

中国工商银行
银行汇票（多余款收账通知） 4

68791084
30583920

出票日期（大写）：贰零壹陆 年 壹拾贰 月 零叁 日

代理付款行：中国工商银行新阳支行　　行号：5621579

提示付款期限自出票之日起壹个月

收款人：北京钢铁公司

出票金额 人民币（大写）：壹拾壹万柒仟元整

实际结算金额 人民币（大写）：壹拾万零伍仟叁佰元整

亿	千	百	十	万	千	百	十	元	角	分
		¥	1	0	5	3	0	0	0	0

申请人：盟江轴承有限公司　　账号：2860300600037678336

出票行：中国工商银行新阳支行　　行号：5621579

备注：购买钢板

出票行签章

2016 年 12 月 03 日

密押：

多余金额

千	百	十	万	千	百	十	元	角	分
	¥	1	1	7	0	0	0	0	0

左列退回多余金额已收入你账户内。

此联出票行作多余款后交申请人

（印章：中国工商银行新阳支行 5621579 汇票专用章；王琳琳；中国工商银行新阳支行 2016.12.03 柜面专用章）

单据 1－6

中国工商银行信汇凭证（收账通知）　　4

委托日期2016年12月10日

汇款人	全　称	昌威公司	收款人	全　称	盟江轴承有限公司
	账　号	54890408792938904448		账　号	2860300600037678336
	汇出地点	江苏　省南京　市/县		汇入地点	广东　省南海　市/县
汇出行名称		中国工商银行南京分行	汇入行名称		中国工商银行新阳支行
金额	人民币（大写）	叁拾壹万元整	亿 千 百 十 万 千 百 十 元 角 分		¥ 3 1 0 0 0 0 0 0
款项已收入收款人账户 中国工商银行新阳支行 2016.12.10 柜面专用章 汇入行签章			支付密码		
			附加信息及用途： 偿还欠款 复核：　记账：		

此联给收款人的收账通知

单据 1－7－1

差旅费报销单

报销部门：采购部　　2016 年　12 月　12 日

姓名		邹凯	职务	采购人员		出差事由		采购材料		
出差起止日期自2016年　12月　04日起至2016年　12月　07日共　4天　附单据　张										
日期		起讫地点	差旅补助			交通费	住宿费	会务费	其他	小计
月	日		天数	标准	金额					
12	04		4	80.00	320.00	800.00	540.00			1660.00
		合计			320.00	800.00	540.00			1660.00
合计人民币(大写)										
预领金额：2000　元				交(退)回金额　340元　应补付金额　0元						

单位负责人：　　会计主管：　　部门主管：　　报销人：邹凯

单据 1－7－2

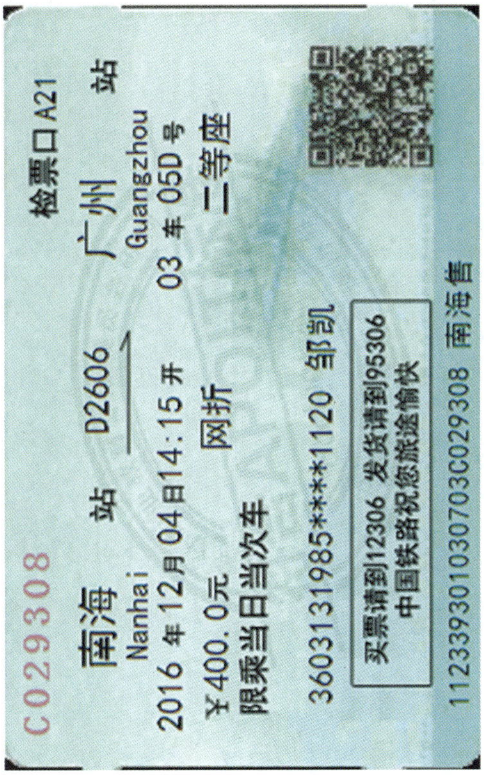
C029308 检票口A21
南海 站 D2606 广州 站
Nanhai Guangzhou
2016 年 12 月 04 日 14:15 开 03 车 05D 号
¥400.0元 网折 二等座
限乘当日当次车
3603131985****1120 邹凯
买票请到12306 发货请到95306
中国铁路祝您旅途愉快
112339301030703C029308 南海售

单据 1－7－3

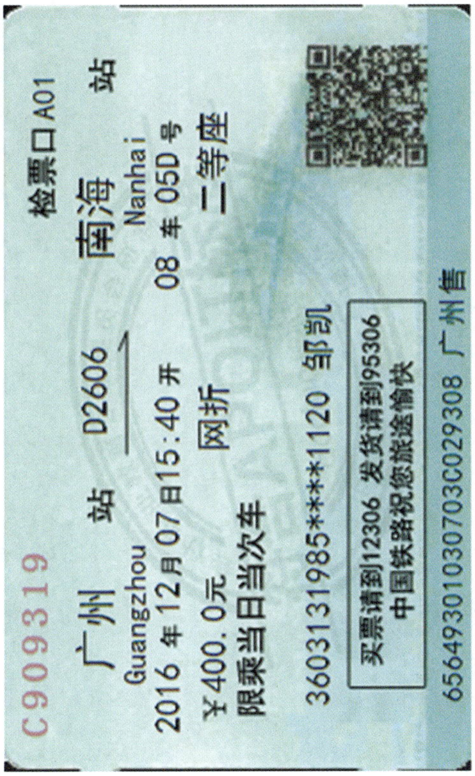
C909319 检票口A01
广州 站 D2606 南海 站
Guangzhou Nanhai
2016 年 12 月 07 日 15:40 开 08 车 05D 号
¥400.0元 网折 二等座
限乘当日当次车
3603131985****1120 邹凯
买票请到12306 发货请到95306
中国铁路祝您旅途愉快
65649301030703C029308 广州售

单据 1－7－4

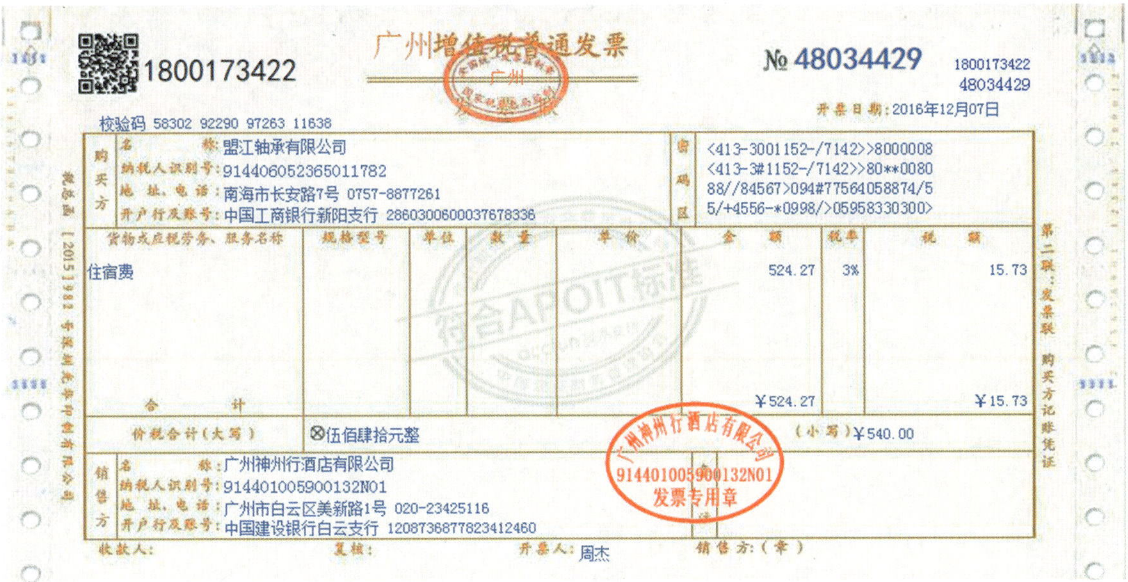
1800173422 广州增值税普通发票 №48034429
1800173422
48034429
开票日期：2016年12月07日
校验码 58302 92290 97263 11638

购买方	名称：盟江轴承有限公司 纳税人识别号：914406052365011782 地址、电话：南海市长安路7号 0757-8877261 开户行及账号：中国工商银行新阳支行 2860300600037678336	密码区	<413-3001152-/7142>>8000008 <413-3#1152-/7142>>80**0080 88//84567>094#77564058874/5 5/+4556-*0998/>05958330300>

货物或应税劳务、服务名称	规格型号	单位	数量	单价	金额	税率	税额
住宿费					524.27	3%	15.73
合计					¥524.27		¥15.73
价税合计（大写）	⊗伍佰肆拾元整				（小写）¥540.00		

销售方	名称：广州神州行酒店有限公司 纳税人识别号：914401005900132N01 地址、电话：广州市白云区美新路1号 020-23425116 开户行及账号：中国建设银行白云支行 1208736877823412460	备注	

收款人： 复核： 开票人：周杰 销售方：（章）

第二联：发票联 购买方记账凭证

广州神州行酒店有限公司 914401005900132N01 发票专用章

单据 1-7-5

收 款 收 据

NO. 6013557

2016年12月12日

今 收 到 采购部邹凯退回的预借差旅费

金额（大写） 零 拾 零 万 零 仟 叁 佰 肆 拾 零 元 零 角 零 分

¥ 340.00　☑现金　□支票　□信用卡　□其他

收款单位（盖章）现金收讫

第三联会计联

核准　会计 李伟　记账　出纳 王陵　经手人 邹凯

单据 1-8

中国工商银行
转账支票存根

30909321
20617420

附加信息

出票日期 2016年12月13日

收款人：南海东宁有限责任公司

金　额：¥5850.00

用　途：预付购买设备款

单位主管　会计

上海金达证券印制有限公司・2012年印制

单据 1-9-1

2300033220　**南海增值税专用发票**　№ 00382828

2300033220
00382828

此联不作报销、扣税凭证使用

校验码 37191 49272 40292 83267　开票日期：2016年12月14日

购买方	名　　称：江南机械有限公司 纳税人识别号：914406052363911220 地 址、电 话：南海市幸福路156号 0757-5364425 开户行及账号：中国工商银行建新支行 3450300650076345006				密码区	58-76876*567568555598>769<8 76867>87*+006987<7687990+*6 <413-30011-+*152-/7142>>008 76587>75+-+*6857<6345790*63	
货物或应税劳务、服务名称	规格型号	单位	数量	单价	金额	税率	税额
轴承 6408		套	200	400.00	80000.00	17%	13600.00
合　计					¥80000.00		¥13600.00
价税合计（大写）	⊗玖万叁仟陆佰元整				（小写）¥93600.00		
销售方	名　　称：盟江轴承有限公司 纳税人识别号：914406052365011782 地 址、电 话：南海市长安路7号 0757-8877261 开户行及账号：中国工商银行新阳支行 2860300600037678336				备注		

收款人：　复核：　开票人：王陵　销售方：（章）

盟江轴承有限公司 914406052365011782 发票专用章

第一联：记账联 销售方记账凭证

单据 1－9－2

ICBC 中国工商银行　　进账单（收账通知）3

2016 年 12 月 14 日　　№

出票人	全　称	江南机械有限公司	收款人	全　称	盟江轴承有限公司
	账　号	中国工商银行建新支行		账　号	2860300600037678336
	开户银行	34503006500763450006		开户银行	中国工商银行新阳支行
金额	人民币（大写）	玖万叁仟陆佰元整		亿千百十万千百十元角分	¥ 9 3 6 0 0 0 0
票据种类	支票	票据张数	1		
票据号码					
备注：				收款人开户银行签章	
复核：	记账：				

中国工商银行新阳支行 2016.12.14 柜面专用章

175*85mm GH066011

此联是收款人开户银行交给收款人的收账通知

单据 1－10

ICBC 中国工商银行　　现金存款凭条

2016 年 12 月 24 日

存款人	全称	盟江轴承有限公司		
	账号	2860300600037678336	款项来源	货款
	开户行	中国工商银行新阳支行	交款人	王陵
金额（大写）	叁仟元整		千百十万千百十元角分	¥ 3 0 0 0 0 0

票面	张数	十	万	千	百	十	元	角	分	票面	张数	千	百	十	元	角	分	备注
壹佰元	26			2	6	0	0	0	0	伍角								
伍拾元	8				4	0	0	0	0	贰角								
贰拾元										壹角								
拾元										伍分								
伍元										贰分								
贰元										壹分								
壹元										其他								

中国工商银行新阳支行 2016.12.24 柜面专用章

注：此联不作为入账依据

190mm×100mm

第二联　客户核对联

单据 1－11

库存现金盘点表

2016 年 12 月 29 日　　　　单位：盟江轴承有限公司

票面额	张数	金额	票面额	张数	金额
壹佰元	29	2900	伍角		
伍拾元			贰角		
贰拾元			壹角		
拾元			伍分		
伍元			贰分		
贰元			壹分		
壹元			合计		
现金日记账账面余额：					
差额：					
处理意见： 待查					

财务经理：　　　　监盘人员：　　　　出纳：王陵

单据 2－1－1

1100033220　　**北京增值税专用发票**　　№ 00382821　　1100033220　00382821

北京　发票联

校验码 34848 02108 84221 71634　　　　开票日期：2016年12月05日

购买方	名　　称：盟江轴承有限公司 纳税人识别号：914406052365011782 地 址、电 话：南海市长安路7号 0757-8877261 开户行及账号：中国工商银行新阳支行 2860300600037678336	密码区	<413-3001152-/7142>>8000006 59698/>4958664469085787673 8 58-76876*567568555598>769<2 76867>87*+006987<7687990+*1

货物或应税劳务、服务名称	规格型号	单位	数量	单价	金额	税率	税额
不锈钢板		吨	200	4100.00	820000.00	17%	139400.00
合　　计					¥820000.00		¥139400.00
价税合计（大写）	⊗玖拾伍万玖仟肆佰元整				（小写）¥959400.00		

销售方	名　　称：北京钢铁公司 纳税人识别号：91110000350047822N 地 址、电 话：北京市阳光路124号 010-63865661 开户行及账号：中国工商银行东城营业部 1108020075460812674	备注	

收款人：　　复核：　　开票人：周健　　销售方：（章）

北京钢铁公司 91110000350047822N 发票专用章

第三联：发票联　购买方记账凭证

税总函〔2015〕561号海南华森实业公司

单据 2－1－2

北京增值税专用发票

1100034211

№ 07085517

1100034211
07085517

发票联

校验码 23475 03028 82763 81345

开票日期：2016年12月22日

购买方	名　　称：盟江轴承有限公司 纳税人识别号：914406052365011782 地址、电话：南海市长安路7号 0757-8877261 开户行及账号：中国工商银行新阳支行 2860300600037678336	密码区	75/373*4348*7>+>-2//54348*7 >*23-4367-7<8*873/+<4840+43 234+2395*3-/>7142>>8--56<19 5/37503848*7>234504>-000006

货物或应税劳务、服务名称	规格型号	单位	数量	单价	金额	税率	税额
运费			1	9440.00	9440.00	11%	1038.40
合　　计					￥9440.00		￥1038.40
价税合计（大写）	⊗壹万零肆佰柒拾捌元肆角整				（小写）￥10478.40		

销售方	名　　称：北京市运通物流公司 纳税人识别号：911100003578255223 地址、电话：北京市通州区兴凯路66号 010-57883625 开户行及账号：中国建设银行运河支行120873211825661233８	备注	北京-盟江，不锈钢板

收款人：　　复核：　　开票人：张晶　　销售方：（章）

（印章：北京市运通物流公司 911100003578255223 发票专用章）

税总函［2015］562号海南华森实业公司

第三联：发票联　购买方记账凭证

单据 2－1－3

中国工商银行

银行汇票（多余款收账通知）　4

68791073
30583043

出票日期（大写）：贰零壹陆 年 壹拾贰 月 零叁 日

代理付款行：中国工商银行新阳支行　行号：5621579

收款人：北京钢铁公司

出票金额 人民币（大写）：壹佰万元整

实际结算金额 人民币（大写）：玖拾陆万玖仟捌佰柒拾捌元肆角整

亿	千	百	十	万	千	百	十	元	角	分
	￥	9	6	9	8	7	8	4	0	

申请人：盟江轴承有限公司　　账号：2860300600037678336

出票行：中国工商银行新阳支行　行号：5621579

备　注：购买钢板

出票行签章

密押：

多余金额

千	百	十	万	千	百	十	元	角	分
		￥	3	0	1	2	1	6	0

左列退回多余金额已收入你账户内。

2016 年 12 月 03 日

（印章：中国工商银行新阳支行 5621579 汇票专用章；王琳琳；中国工商银行新阳支行 2016.12.03 转讫专用章）

提示付款期限自出票之日起壹个月

此联出票行作多余款后交申请人

单据 2-1-4

收料单

2016年12月06日　　　　编码:20161206001

材料编号	材料名称	规 格	材质	单位	数量 应收	数量 实收	实际单价	材料金额	运杂费	合计（材料实际成本）
001	不锈钢板			吨	200	200	4147.20			829440.00
供货单位	北京钢铁公司		结算方法			合同号			计划单价	材料/计划成本
备 注									4000.00	800000.00

会计联

主管:　　质量检验员:　　仓库验收:　　经办人: 张静

单据 2-2-1

2300034592　　**南海增值税专用发票**　　№ 20355629　　2300034592　20355629

发 票 联

校验码 34744 87711 73327 81903　　开票日期: 2016年12月08日

购买方	名 称:盟江轴承有限公司 纳税人识别号:914406052365011782 地 址、电 话:南海市长安路7号 0757-8877261 开户行及账号:中国工商银行新阳支行 2860300600037678336			密码区	76867>87*+006987<7687990+*1 <413-30011-+*152-/7142>>008 5/+4556-*0998/>05958330300> <445+69699698*23445#-0498<2		
货物或应税劳务、服务名称	规格型号	单位	数量	单价	金额	税率	税额
防锈液		桶	100	98.00	9800.00	17%	1666.00
合 计					¥9800.00		¥1666.00
价税合计（大写）	⊗壹拾壹万肆佰陆拾陆元整				（小写）¥11466.00		
销售方	名 称:南海万达化工厂 纳税人识别号:914406052356177828 地 址、电 话:南海市西子路36号 0757-6667892 开户行及账号:中国工商银行西子营业部 1108020045632117451			备注			

收款人:　　复核:　　开票人:林秀芳　　销售方:（章）

第三联：发票联 购买方记账凭证

（印章：南海万达化工厂 914406052356177828 发票专用章）

单据 2-2-2

中国工商银行
转账支票存根
30909321
20617421

附加信息

出票日期 2016 年 12 月 08 日

收款人: 南海万达化工厂

金 额: ¥11466.00

用 途: 购买防锈液

单位主管　　会计

单据 2－3

领　料　单

领料部门：生产车间

用　途 深沟球轴承 6406　　　　2016 年 12 月 10 日　　　　第　20161210001 号

材料			单位	数量		成本										
						单价	总价									
编号	名称	规格		请领	实发		百	十	万	千	百	十	元	角	分
001	不锈钢板		吨	50	50	4,000.00		2	0	0	0	0	0	0	0
合计							¥	2	0	0	0	0	0	0	0

会计联

部门经理：　　　　会计：　　　　仓库：　　　　经办人：江东

单据 2－4

收料单

2016年12月14日　　　　编码:20161214001

材料编号	材料名称	规　格	材质	单位	数量 应收	数量 实收	实际单价	材料金额	运杂费	合计（材料实际成本）
002	高碳轴承钢			吨	100	100	2900.00			290000.00
供货单位	吉林钢铁公司	结算方法			合同号				计划单价	材料/计划成本
备　注									3000.00	300000.00

会计联

主管：　　　　质量检验员：　　　　仓库验收：　　　　经办人：陈文娜

单据 2－5

领　料　单

领料部门：生产车间

用　途 深沟球轴承 6406　　　　2016 年 12 月 15 日　　　　第　20161215001 号

材料			单位	数量		成本										
						单价	总价									
编号	名称	规格		请领	实发		百	十	万	千	百	十	元	角	分
002	高碳轴承钢		吨	30	30	3,000.00			9	0	0	0	0	0	0
合计								¥	9	0	0	0	0	0	0

会计联

部门经理：　　　　会计：　　　　仓库：　　　　经办人：江东

单据 2 - 6 - 1

辽宁增值税专用发票

3800033220　　发票联　　№ 04688225　　3800033220　04688225

校验码 48202 94737 72644 92940　　开票日期：2017年12月16日

购买方	名　　称：盟江轴承有限公司 纳税人识别号：914406052365011782 地 址、电 话：南海市长安路7号 0757-8877261 开户行及账号：中国工商银行新阳支行 2860300600037678336	密码区	5/37503848*7>234504>-000006 2//5>*8574567-7<8*873000007 5/+4556-*0998/>0595833030O> <445+69699698*23445#-0498<2

货物或应税劳务、服务名称	规格型号	单位	数量	单价	金额	税率	税额
高碳轴承钢		吨	10	3000.00	30000.00	17%	5100.00
合　　计					¥30000.00		¥5100.00
价税合计（大写）	⊗叁万伍仟壹佰元整				（小写）¥35100.00		

销售方	名　　称：鞍山钢铁集团 纳税人识别号：912103006501167238 地 址、电 话：鞍山市铁西路28号 0412-5622713 开户行及账号：中国工商银行铁西支行 1108020045632386490	备注	

收款人：　　复核：　　开票人：郑宇　　销售方：（章）

（印章：鞍山钢铁集团 912103006501167238 发票专用章）

税总函[2015]562号海南华森实业公司　　第三联：发票联　购买方记账凭证

单据 2 - 6 - 2

辽宁增值税专用发票

3800032762　　发票联　　№ 04084416　　3800032762　04084416

校验码 22383 00383 27464 53322　　开票日期：2016年12月16日

购买方	名　　称：盟江轴承有限公司 纳税人识别号：914406052365011782 地 址、电 话：南海市长安路7号 0757-8877261 开户行及账号：中国工商银行新阳支行 2860300600037678336	密码区	<445+69699698*23445#-049382 5/37503848*7>234504>-000006 76587>75+-+*6857<6345790*64 58-7#*+77876*56756898>769<8

货物或应税劳务、服务名称	规格型号	单位	数量	单价	金额	税率	税额
运费			1	246.00	246.00	11%	27.00
合　　计					¥246.00		¥27.00
价税合计（大写）	⊗贰佰柒拾叁元整				（小写）¥273.00		

销售方	名　　称：鞍山市华运物流公司 纳税人识别号：912103006523177360 地 址、电 话：鞍山市铁西路562号 0412-5882616 开户行及账号：中国工商银行铁西支行 1298010025561982903	备注	鞍山-盟江，高碳轴承钢

收款人：　　复核：　　开票人：陈心　　销售方：（章）

（印章：鞍山市华运物流公司 912103006523177360 发票专用章）

税总函[2015]562号海南华森实业公司　　第三联：发票联　购买方记账凭证

单据 2－6－3

中国工商银行
INDUSTRIAL AND COMMERCIAL BANK OF CHINA

结算业务申请书　闽　NO. 05775370

申请日期：　2016年　12月　16日

业务种类：行内汇款☑　境内同业汇款☐　银行汇票☐　银行本票☐

申请人	名称	盟江轴承有限公司	收款人	名称	鞍山钢铁集团
	账号	2860300600037678336		账号	1108020045632386490
	联系电话	略		联系电话 （收款人未在我行开户的须填写）	
	身份证件类型	略		汇入行名称	中国工商银行铁西支行
	身份证件号	略		汇入行地点	辽宁省　鞍山市（县）

金额	人民币（大写）	亿	千	百	十	万	千	百	十	元	角	分
	叁万伍仟叁佰柒拾叁元整				¥	3	5	3	7	3	0	0

扣账方式：　转账☑　现金☐　其它☐	收费账号：2860300600037678336
现金汇款请填写　国籍：　职业：	用途：
支付密码：	附言：上述款项及相关费用同意从我账户内支付
中国工商银行新阳支行 2016.12.16 柜面专用章 受理行盖章：	盟江轴承有限公司 财务专用章 核准：　经办：

第二联 客户回单联

PT140019

单据 2－6－4

收料单

2016年12月17日　　　　　　　　　　　　　　　　　编码:20161217001

材料编号	材料名称	规格	材质	单位	数量 应收	数量 实收	实际单价	材料金额	运杂费	合计(材料实际成本)
002	高碳轴承钢			吨	10	10	3024.60			30246.00
供货单位	鞍山钢铁集团		结算方法				合同号		计划单价	材料/计划成本
备注									3000.00	30000.00

会计联

主管:　　质量检验员:　　仓库验收:　　经办人: 陈文娜

单据 2－7－1

南海增值税专用发票

2300037312　　　　　　　　　　№ 00237823　　2300037312　00237823

发票联

校验码 37492 29844 17642 34322　　　　　　　　开票日期: 2016年12月18日

购买方　名称: 盟江轴承有限公司
纳税人识别号: 914406052365011782
地址、电话: 南海市长安路7号 0757-8877261
开户行及账号: 中国工商银行新阳支行 2860300600037678336

密码区: 75/373*4348*7>+>-2//54348*7 >*23-4367-7<8*873/+<4840+42 234+2395*3-/>7142>>8--56<19 5/37503848*7>234504>-000002

货物或应税劳务、服务名称	规格型号	单位	数量	单价	金额	税率	税额
包装纸箱		个	2000	3.00	6000.00	17%	1020.00
合计					¥6000.00		¥1020.00
价税合计(大写)	⊗柒仟零贰拾元整				(小写)¥7020.00		

销售方　名称: 南海盛大包装厂
纳税人识别号: 914406052357209776
地址、电话: 南海市中山路48号 0757-8633427
开户行及账号: 中国工商银行西子营业部 4309020044567322668

备注: (印章: 南海盛大包装厂 914406052357209776 发票专用章)

收款人:　　复核:　　开票人: 陈晨　　销售方:(章)

第三联：发票联　购买方记账凭证

单据 2－7－2

中国工商银行
转账支票存根
30909321
20617422

附加信息

出票日期 2016 年 12 月 18 日

收款人: 南海盛大包装厂

金　额: ¥7020.00

用　途: 购买纸箱

单位主管　　会计

单据 2-7-3

入　库　单

2016 年 12 月 18 日　　　　单号 30583904

交来单位及部门	南海盛大包装厂	验收仓库	二号库	入库日期	2016-12-18	
编号	名称及规格	单位	数量		实际价格	
			交库	实收	单价	金额
003	包装纸箱	个	2000	2000	3.00	6000.00
合　计						¥6000.00

财务联

财务经理：　　仓库主管：　　经办人：　　制单人：王晓

单据 2-8

领　料　单

领料部门：生产车间

用　途 深沟球轴承 6408　　2016 年 12 月 19 日　　第 20161219001 号

材料			单位	数量		成本										
						单价	总价									
编号	名称	规格		请领	实发		百	十	万	千	百	十	元	角	分
002	高碳轴承钢		吨	8	8	3,000.00			2	4	0	0	0	0	0
合计								¥	2	4	0	0	0	0	0

会计联

部门经理：　　会计：　　仓库：　　经办人：李南

单据 2-9

领　料　单

领料部门：生产车间

用　途 一般耗用　　2016 年 12 月 19 日　　第 20161219002 号

材料			单位	数量		成本									
						单价	总价								
编号	名称	规格		请领	实发		百	十	万	千	百	十	元	角	分
001	不锈钢板		吨	1	1	4,000.00				4	0	0	0	0	0
合计									¥	4	0	0	0	0	0

会计联

部门经理：　　会计：　　仓库：　　经办人：江东

单据 2－10

领料单

领料部门：生产车间

用 途 深沟球轴承 6408　　　　2016 年 12 月 21 日　　　　第 20161221001 号

材料			单位	数量		成本									
						单价	总价								
编号	名称	规格		请领	实发		百	十	万	千	百	十	元	角	分
004	防锈液		桶	20	20	100.00				2	0	0	0	0	0
合计									¥	2	0	0	0	0	0

会计联

部门经理：　　会计：　　仓库：　　经办人：江东

单据 2－11

出库单

出货单位：盟江轴承有限公司　　2016 年 12 月 28 日　　单号：35621109

提货单位或领货部门		销售单号	10102311	发出仓库	二号库	出库日期	2016-12-28
编号	名称及规格	单位	数量 应发	数量 实发	单价	金额	备注
003	包装纸箱	个	800	800			深沟球轴承 6406
合计			800	800			

会计联

部门经理：　　会计：　　仓库：　　经办人：王晓

单据 2－12

财产盘点报告单

单位名称：盟江轴承有限公司　　2016 年　12 月　30 日　　单位：桶

财产名称	计量单位	实存	账存	单位成本	盘盈		盘亏		原因
					数量	金额	数量	金额	
防锈液	桶	78	80				2	200	待查
合计									

仓库保管员：　　　　盘点人：陈晓

单据 2－13－1

材料成本差异率计算表

2016 年 12 月 30 日

期初结存材料成本差异 (1)	本月入库材料成本差异 (2)	期初结存材料计划成本 (3)	本月入库材料计划成本 (4)	本月材料成本差异率 (5)=【(1)+(2)】÷【(3)+(4)】×100%

单据 2－13－2

发出材料成本差异计算表

单位：元

材料＼用途		深沟球轴承6406	深沟球轴承6408	车间一般耗用	盘亏
高碳轴承钢	计划成本				
	成本差异				
不锈钢板	计划成本				
	成本差异				
防锈液	计划成本				
	成本差异				
成本差异合计					

单据 2－14

关于财产清查结果的处理意见

财务部：

你部上报的财产清查结果情况，经经理会议研究做出如下处理意见：防锈液的损失由保管员陈晓负担200元，其余作营业外支出处理。

总经理：张广文

2016年12月31日

单据 2－15

存货跌价准备计算表

2016年12月31日　　　　单位：元

存货名称	账面成本	可变现净值	跌价准备
原材料		1 286 000	
库存商品		1 210 000	
周转材料		6 560	
合　计		2 502 560	

会计主管：　　　复核：　　　制表：

单据 3－1－1

2300034623　　南海增值税专用发票　　№ 39223015　　2300034623 39223015

发票联

校验码 33817 87371 73717 12311　　开票日期：2016年12月18日

购买方		密码区
名　　称：盟江轴承有限公司 纳税人识别号：914406052365011782 地 址、电 话：南海市长安路7号 0757-8877261 开户行及账号：中国工商银行新阳支行 2860300600037678336		2//5>*8574567-7<8*873000007 <413-3001152-/7142>>8000008 <413-3#1152-/7142>>80**0080 88//84567>094#77564058874/3

货物或应税劳务、服务名称	规格型号	单位	数量	单价	金额	税率	税额
生产设备	A型	台	1	50000.00	50000.00	17%	8500.00
合　计					¥50000.00		¥8500.00
价税合计（大写）	⊗伍万捌仟伍佰元整				（小写）¥58500.00		

销售方	备注
名　　称：南海市东宁设备公司 纳税人识别号：914406052340167551 地 址、电 话：南海市长江路251号 0757-8633472 开户行及账号：中国工商银行建新支行 1603005836380778833	南海市东宁设备公司 914406052340167551 发票专用章

收款人：　　复核：　　开票人：方永　　销售方：（章）

第三联：发票联　购买方记账凭证

单据 3－1－2

中国工商银行
转账支票存根

30909321
20617423

附加信息

出票日期 2016 年 12 月 18 日

收款人：南海市东宁设备公司

金　额：¥58500.00

用　途：购买设备

单位主管　　会计

单据 3-1-3

固定资产验收单

2016 年 12 月 18 日

资产编号	0001	资产名称	生产设备	型号规格	A型
供应商名称	南海市东宁设备公司				
购入日期	2016年12月18日	安装完成日期	2016年12月18日		
金额大写	伍万元整	小写	¥50000.00		
验收结果	合格	验收日期	2016年12月18日		
采购部门	采购部	资产管理人	周立影		
使用部门	基本生产车间	财务审核	李伟		
预计使用年限	10年				
备注：					

单据 3-2-1

中国工商银行
转账支票存根
30909321
20617424

附加信息

出票日期 2016 年 12 月 19 日

收款人：	南海市第二建筑公司
金　额：	¥666000.00
用　途：	支付工程款

单位主管　　会计

单据 3-2-2

2300032893　　**南海增值税专用发票**　　№ 23839021　　2300032893　23839021

发票联

校验码 23383 22034 94733 92922　　开票日期：2016年12月19日

购买方	名　　称：盟江轴承有限公司 纳税人识别号：914406052365011782 地 址、电 话：南海市长安路7号 0757-8877261 开户行及账号：中国工商银行新阳支行 2860300600037678336				密码区	76587>75+—+*6857<6345790*64 58-7#*+77876*56756898>769<8 235-56<19458<3840+481*56782 75/373*4348*7>+>-2//54348*7	
货物或应税劳务、服务名称	规格型号	单位	数量	单价	金额	税率	税额
工程款					600000.00	11%	66000.00
合　　计					¥600000.00		¥66000.00
价税合计（大写）	⊗陆拾陆万陆仟元整				（小写）¥666000.00		
销售方	名　　称：南海市第二建筑公司 纳税人识别号：91440605239005H112 地 址、电 话：广东省南海市和兴路121号 0757-8633219 开户行及账号：中国建设银行和兴支行 1208731248798237509				备注		

收款人：　　复核：　　开票人：王强　　销售方：（章）

第三联：发票联　购买方记账凭证

单据 3-3-1

固定资产报废申请表

填报单位：生产车间　　　　2016 年 12 月 20 日

公司清查领导小组	张广文	财务部	李伟	计划处	金玉	单位负责	张玉	制表	李红
报废或盘亏原因	机器陈旧，精度差，修理费用大							配套情况	
审批意见	同意报废								
编号	名称	规格型号	单位	数量	原值	折旧	净值	残值	净损失
CA-1			台	1	120000	116000	4000		

单据 3-3-2

2300032894　　**南海增值税专用发票**　　№ 11293421　　2300032894　11293421

发　票　联

校验码 47556 41334 56674 21110　　　　开票日期：2016年12月20日

购买方	名　　称：盟江轴承有限公司 纳税人识别号：914406052365011782 地址、电话：南海市长安路7号 0757-8877261 开户行及账号：中国工商银行新阳支行 2860300600037678
密码区	76867>87*+006987<7687990+*1 <413-30011-+*152-/7142>>008 76587>75+—+*6857<6345790*64 58-7#*+77876*56756898>769<8

货物或应税劳务、服务名称	规格型号	单位	数量	单价	金额	税率	税额
清理费		次	1		1000.00	3%	30.00
合　　计					¥1000.00		¥30.00
价税合计（大写）	⊗壹仟零叁拾元整				（小写）¥1030.00		

销售方	名　　称：南海市国家税务局新阳分局 纳税人识别号：914406052381130992 地址、电话：南海市中山路123号 0757-8661508 开户行及账号：中国工商银行新阳支行 6212356612277001562
备注	销货方：南海市江河服务公司 纳税识别号：340560072113623633

收款人：　　复核：　　开票人：李晓波　　销售方：（章）

税总函［2015］1562号海南华森实业公司

第三联：发票联　购买方记账凭证

单据 3-3-3

收 料 单

2016年12月21日　　　　编码:20161221001

材料编号	材料名称	规格	材质	单位	数量 应收	数量 实收	实际单价	材料金额	运杂费	合计（材料实际成本）
	铁			千克		1000	4.50			4500.00
供货单位		结算方法				合同号		计划单价	材料/计划成本	
备注										

主管:　　质量检验员:　　仓库验收:陈艳玲　　经办人:张军

会计联

单据 3－3－4

固定资产清理净损益计算单

2016年12月21日　　　　　　　　　　　　　　　　　　单位：元

原值	已提折旧	减值准备	净值	清理费	清理收入	净收益（损失用“—”表示）

单据 3－4－1

2300034587　　**南海增值税专用发票**　　№ 33113624　　2300034587　33113624

发票联

校验码 22234 21343 95732 94932　　　　开票日期：2016年12月22日

购买方	
名称	盟江轴承有限公司
纳税人识别号	914406052365011782
地址、电话	南海市长安路7号 0757-8877261
开户行及账号	中国工商银行新阳支行 2860300600037678336
密码区	59698/>49586644690857876738 58-76876*567568555598>769<5 76867>87*+006987<7687990+*1 <413-30011-+*152-/7142>>002

货物或应税劳务、服务名称	规格型号	单位	数量	单价	金额	税率	税额
汽车修理费					1025.64	17%	174.36
合计					¥1025.64		¥174.36
价税合计（大写）	⊗壹仟贰佰元整				（小写）¥1200.00		

销售方	
名称	南海市友联汽车修理公司
纳税人识别号	914406052389056227
地址、电话	南海市天平路121号 0757-8877292
开户行及账号	中国工商银行开发支行 2860201400143691676

收款人：　　复核：　　开票人：林佳　　销售方：（章）

（印章：南海市友联汽车修理公司 914406052389056227 发票专用章）

税总函[2015]562号海南市华森实业公司

第三联：发票联 购买方记账凭证

单据 3－4－2

中国工商银行
转账支票存根

30909321
20617425

附加信息

出票日期 2016 年 12 月 22 日

收款人：南海市友联汽车修理公司

金　额：¥1200.00

用　途：支付修理费

单位主管　　会计

单据 3－5

财产盘点报告单

单位名称: 盟江轴承有限公司　　2016 年　12 月　25 日　　　　单位: 台

财产名称	计量单位	实存	账存	单位成本	盘盈		盘亏		原因
					数量	金额	数量	金额	
直流电机	台	2	3	9000			1	5400	待查
合计				9000			1	5400	

仓库保管员:　　　　　　　　　　　　　　　盘点人: 王力

单据 3－6

固定资产验收单

2016 年 12 月 25 日

资产编号	6789-12	资产名称	仓库	型号规格	
供应商名称	南海市第二建筑公司				
购入日期	2016年03月01日	安装完成日期	2016年12月25日		
金额大写	壹佰壹拾万元整	小写	1100000.00		
验收结果	达到预定使用状态，验收通过	验收日期	2016年12月25日		
采购部门	采购部	资产管理人	陈艳玲		
使用部门	仓储部	财务审核	李伟		
主要技术参数	总面积为200平方米				
备注:					

单据 3－7

关于财产清查结果的处理意见

财务部：

你部上报的财产清查结果情况，经经理会议研究做出如下处理意见：直流电机的损失作营业外支出处理。

总经理：张广文
2016年12月31日

单据 3－8

固定资产折旧提取计算表

2016年12月31日

使用部门	固定资产类别	月初应计提折旧固定资产原值	月折旧率/%	月折旧额
生产车间：	房屋及建筑物	8 000 000	0.2	
	机器设备	4 000 000	0.5	
	运输设备	100 000	0.6	
管理部门：	房屋及建筑物	2 000 000	0.2	
	机器设备	100 000	0.5	
	运输设备	300 000	0.6	
出　租：	机器设备	20 000	0.5	
合计				

单据 3－9

固定资产减值准备提取计算表

2016年12月31日　　　　单位：元

固定资产名称	账面原价	累计折旧	账面净值	预计可收回金额	应计提减值准备
车床JAC20	234 000.00	28 080.00	205 920.00	155 920.00	50 000.00
合 计	234 000.00	28 080.00	205 920.00	155 920.00	50 000.00

会计主管 ：　　　　复核:　　　　制表： 王力

单据 4－1－1

中国工商银行
转账支票存根

30909321

20617426

附加信息

出票日期 2016 年 12 月 04 日

收款人：盟江轴承有限公司

金　额：¥419530.20

用　途：发放工资

单位主管　　　　会计

单据 4－1－2

ICBC 中国工商银行　　进账单(回　单)　2

2016 年 12 月04 日　　№

出票人	全　称	盟江轴承有限公司	收款人	全　称	盟江轴承有限公司
	账　号	286030060003767833６		账　号	代发工资
	开户银行	中国工商银行新阳支行		开户银行	中国工商银行新阳支行
金额	人民币(大写)	肆拾壹万玖仟伍佰叁拾元贰角整		亿千百十万千百十元角分	4 1 9 5 3 0 2 0
票据种类	转账支票	票据张数	1		
票据号码					
备注:					
复核:	记账:			开户银行签章	

175*85mm GH066011

此联是开户银行交给(持)出票人的回单

单据 4－2

工资结算汇总表

2016年12月　　单位：元

部门		略	应付工资	其他代扣款						实发工资
				养老保险	失业保险	医疗保险	住房公积金	个人缴纳小计	代扣个人所得税	
生产车间	工人		227250	18180	2272.5	4552.5	18180	43185	8900	175165
	管理人员		20000	1600	200	400.8	1600	3800.8	100	16099.2
采购部			60000	4800	600	1202.5	4800	11402.5	5800	42797.5
财务部			49400	3400	425	853.7	3400	8078.7	3400	37921.3
销售部			162800	13576	1697	3397.8	13576	32246.8	7000	123553.2
行政部			32650	2612	326.5	655.5	2612	6206	2450	23994
合计			552100	44168	5521	11062.8	44168	104919.8	27650	419530.2

单据 4－3

工资费用分配表

2016年12月　　单位：元

部门		直接计入	分配计入			合计
			生产工时	分配率	分配金额	
生产车间	深沟球6406		4000		90900	90900
	深沟球6408		6000		136350	136350
	小计		10000	22.725	227250	227250
	管理人员	20000				20000
采购部		60000				60000
财务部		49400				49400
销售部		162800				162800
行政部		32650				32650
合计						552100

单据 4－4

社保公积金计算表

2016年12月10日　　　　单位：元

部门名称		社保公积金（单位）缴纳合计						
		养老保险	失业保险	医疗保险	工伤保险	生育保险	住房公积金	单位缴纳合计
生产车间	工人（深沟球6406）	19998	1818	6820.4	454.52	545.6	7272	36908.52
	工人（深沟球6408）	29997	2727	10230.6	681.78	818.4	10908	55362.78
	管理人员	4400	400	1500.8	100	120	1600	8120.8
采购部		13200	1200	4502.5	300	360	4800	24362.5
财务部		9350	850	3191.3	212.5	255	3400	17258.8
销售部		37334	3394	12731	848.5	1018	13576	68901.5
行政部		7183	653	2451.3	163.3	195.9	2612	13258.5
合计		121462	11042	41427.9	2760.6	3312.9	44168	224173.4

单据 4－5

职工福利费计算表

2016年12月10日

应借账户	应付工资/元	计提率/%	计提福利费
生产成本—深沟球6406	90900	14	
生产成本—深沟球6408	136 350	14	
制造费用	20 000	14	
管理费用	142 050	14	
销售费用	162 800	14	
合　计	552 100	14	

单据 4－6

工会经费、职工教育经费计算表

2016年12月10日

应借账户	应付工资	工会经费计提率/%	金额	教育经费计提率/%	金额
生产成本—深沟球6406	90 900	2		2.5	
生产成本—深沟球6408	136 350	2		2.5	
制造费用	20 000	2		2.5	
管理费用	142 050	2		2.5	
销售费用	162 800	2		2.5	
合　计	552 100	2		2.5	

单据 4－7

中国工商银行电子缴税付款凭证

缴税日期：2016年12月10日　　　　凭证字号：2016121005346351

纳税人全称及纳税人识别号：盟江轴承有限公司　914406052365011782

付款人全称：盟江轴承有限公司

付款人账号：2860300600037678336　　　　征收机关名称：南海市新阳区地方税务局

付款人开户行：中国工商银行新阳支行　　　　收款国库（银行）名称：国家金库南海市新阳区代理支库

小写（合计）金额：¥240 757.20　　　　缴款书交易流水号：W13217482574

大写（合计）金额：人民币贰拾肆万零柒佰伍拾柒元贰角整　　　　税票号码：W13217482574

税（费）种名称	所属日期	实缴金额（单位：元）
社保费-养老	20161101—20161130	¥ 165 630.00
社保费-失业	20161101—20161130	¥ 16 563.00
社保费-医疗	20161101—20161130	¥ 52 490.70
社保费-工伤	20161101—20161130	¥ 2 760.60
社保费-生育	20161101—20161130	¥ 3 312.90

中国工商银行新阳支行 2016.12.10 柜面专用章

打印时间：2016年12月10日

客户回单联　　　　验证码：　　　　复核：　　　　记账：

单据 4－8

中国工商银行电子缴税付款凭证

缴税日期：2016年12月10日　　　　凭证字号：2016121005346341

纳税人全称及纳税人识别号：盟江轴承有限公司　914406052365011782

付款人全称：盟江轴承有限公司

付款人账号：2860300600037678336　　　　征收机关名称：南海市新阳区地方税务局

付款人开户行：中国工商银行新阳支行　　　　收款国库（银行）名称：国家金库南海市新阳区代理支库

小写（合计）金额：¥27 650.00　　　　缴款书交易流水号：W13217482573

大写（合计）金额：人民币贰万柒仟陆佰伍拾元整　　　　税票号码：W13217482573

税（费）种名称	所属日期	实缴金额（单位：元）
个人所得税	20161101—20161130	¥27 650.00

中国工商银行新阳支行 2016.12.10 柜面专用章

打印时间：2016年12月10日

客户回单联　　　　验证码：　　　　复核：　　　　记账：

单据 4－9

职工困难补助申请

2016年12月19日

申请人姓名：	程英杰	部门：	生产车间
申请金额 ：	伍佰元整	月工资 ：	
申请理由 ：	孩子病重		
车间主任意见：	情况属实，建议补助伍佰元整	厂工会批示 ：	同意工会小组的意见
人民币（大写）：	伍佰元整	签收：	程英杰

现金付讫

单据 4－10

南海增值税普通发票

2300033490

№ 33940002

2300033490
33940002

开票日期：2016年12月20日

校验码 38289 03921 93911 31334

购买方	名称：盟江轴承有限公司 纳税人识别号：914406052365011782 地址、电话：南海市长安路7号 0757-8877261 开户行及账号：中国工商银行新阳支行 2860300600037678336				密码区	>*23-4367-7<8*873/+<4840+48 234+2395*3-/>7142>>8--56<19 88//84567>094#77564058874/1 5/+4556-*0998/>05958330300>	
货物或应税劳务、服务名称	规格型号	单位	数量	单价	金额	税率	税额
培训费		次	1	141.51	141.51	6%	8.49
合计					¥141.51		¥8.49
价税合计（大写）	⊗壹佰伍拾元整				（小写）¥150.00		
销售方	名称：南海市红光培训学校 纳税人识别号：914406052389543776 地址、电话：南海市长江路192号 0757-8713288 开户行及账号：中国工商银行黄河支行 3450235512216882320				备注		

收款人：　　复核：　　开票人：李晓楠　　销售方：（章）

南海市红光培训学校 914406052389543776 发票专用章

第二联：发票联 购买方记账凭证

税总函〔2015〕982号深圳光华印制有限公司

单据 5－10－1

增值税专用发票

№

此联不作报销、扣税凭证使用

校验码

开票日期：

购买方	名称： 纳税人识别号： 地址、电话： 开户行及账号：				密码区		
货物或应税劳务、服务名称	规格型号	单位	数量	单价	金额	税率	税额
合计							
价税合计（大写）	⊗				（小写）		
销售方	名称： 纳税人识别号： 地址、电话： 开户行及账号：				备注		

收款人：　　复核：　　开票人：　　销售方：（章）

第一联：记账联 销售方记账凭证

税总函〔2015〕562号海南华森实业公司

单据 5－10－2

增值税专用发票

No

抵扣联

开票日期：

购买方	名　　称： 纳税人识别号： 地 址、电 话： 开户行及账号：	密码区	

货物或应税劳务、服务名称	规格型号	单位	数量	单价	金额	税率	税额
合　　计							
价税合计（大写）	⊗				（小写）		

销售方	名　　称： 纳税人识别号： 地 址、电 话： 开户行及账号：	备注	

收款人：　　复核：　　开票人：　　销售方：（章）

税总函〔2015〕562号海南华森实业公司

第二联：抵扣联　购买方扣税凭证

单据 5－10－3

增值税专用发票

No

发票联

开票日期：

购买方	名　　称： 纳税人识别号： 地 址、电 话： 开户行及账号：	密码区	

货物或应税劳务、服务名称	规格型号	单位	数量	单价	金额	税率	税额
合　　计							
价税合计（大写）	⊗				（小写）		

销售方	名　　称： 纳税人识别号： 地 址、电 话： 开户行及账号：	备注	

收款人：　　复核：　　开票人：　　销售方：（章）

税总函〔2015〕562号海南华森实业公司

第三联：发票联　购买方记账凭证

单据 5－10－4

ICBC 中国工商银行 进账单(收账通知) 3

2016 年 12 月 12 日 №

出票人	全　称	南海广信机械制造厂	收款人	全　称	盟江轴承有限公司
	账　号	2860200700054707003		账　号	2860300600037678336
	开户银行	中国工商银行和兴支行		开户银行	中国工商银行新阳支行
金额	人民币(大写)	贰拾叁万肆仟元整		亿千百十万千百十元角分	¥23400000
票据种类	转账支票	票据张数	1		
票据号码					
备注:				中国工商银行新阳支行 2016.12.12 柜面专用章	
复核:	记账:			收款人开户银行签章	

此联是收款人开户银行交给收款人的收账通知

175*85mm GH066011

单据 5－11

应交增值税计算表

年　月　日至　年　月　日　　　金额单位：元

项目			计税金额	适用税率	税额	备注
销项	应税货物	货物名称				
		小计				
	应税劳务	劳务名称				
		小计				
进项	本期进项税额发生额					
	期初留抵进项税额					
	进项税额转出					
应纳税额						

会计主管：　　复核：　　制表：

单据 5－12

应交城建税、应交教育费附加计算表

年　月　日至　年　月　日　　　金额单位：元

项目	计税基数（增值税）	适用税率	应交税费	备注
城建税		7%		
教育费附加		3%		
合计				

会计主管：　　复核：　　制表：

单据 6－1

中国工商银行
转账支票存根
30909321
20617427

附加信息

出票日期 2016 年 12 月 02 日

收款人：	南海市四方化工厂
金　额：	¥10000.00
用　途：	偿还欠款

单位主管　　会计

单据 6－2－1

2300033220　　南海增值税专用发票　　№ 00382829　　2300033220　00382829

此联不作报销、扣税凭证使用

校验码 37191 49272 40292 83267　　开票日期：2016年12月04日

购买方	名　　称：江南配件公司 纳税人识别号：912201005622077813 地址、电话：长春市幸福路156号 0431-5364238 开户行及账号：中国工商银行双阳支行 4402082631150283589	密码区：58-76876*567568555598>769<3 76867>87*+006987<7687990+*4 <413-30011-+*152-/7142>>056 76587>75+-+*6857<6345790*61

货物或应税劳务、服务名称	规格型号	单位	数量	单价	金额	税率	税额
轴承 6408		箱	200	1000.00	200000.00	17%	34000.00
合计					¥200000.00		¥34000.00
价税合计（大写）	⊗贰拾叁万肆仟元整				（小写）¥234000.00		

销售方	名　　称：盟江轴承有限公司 纳税人识别号：914406052365011782 地址、电话：南海市长安路7号 0757-8877261 开户行及账号：中国工商银行新阳支行 2860300600037678336	备注

收款人：　　复核：　　开票人：颜子　　销售方：（章）

（印章：盟江轴承有限公司 914406052365011782 发票专用章）

税总函[2015]1562号海南华森实业公司

第一联：记账联　销售方记账凭证

单据 6－2－2

2300034528　　南海增值税专用发票　　№ 30233310　　2300034528　30233310

发票联

校验码 12234 42023 94922 44311　　开票日期：2017年12月04日

购买方	名　　称：江南配件公司 纳税人识别号：912201005622077813 地址、电话：长春市幸福路156号 0431-5364238 开户行及账号：中国工商银行双阳支行 4402082631150283589	密码区：2//5>*8574567-7<8*873000009 <413-3001152-/7142>>8000002 5/+4556-*0998/>05958330300> <445+69699698*23445#-0498<3

货物或应税劳务、服务名称	规格型号	单位	数量	单价	金额	税率	税额
运费			1	1171.00	1171.00	11%	129.00
合计					¥1171.00		¥129.00
价税合计（大写）	⊗壹仟叁佰元整				（小写）¥1300.00		

销售方	名　　称：南海市华运物流公司 纳税人识别号：914406052300656722 地址、电话：南海市淮河路122号 0757-8366218 开户行及账号：中国工商银行淮河支行 8890772317882006912	备注：盟江-江南，轴承6408

收款人：　　复核：　　开票人：陈心　　销售方：（章）

（印章：南海市华运物流公司 914406052300656722 发票专用章）

税总函[2015]1562号海南华森实业公司

第三联：发票联　购买方记账凭证

单据 6－2－3

托收凭证 （受理回单） 1

委托日期 2016年 12月 04日

业务类型	委托收款（□邮划、☑电划） 托收承付（□邮划、□电划）				
付款人 全称	江南配件公司		收款人 全称	盟江轴承有限公司	
付款人 账号	4402082631150283589		收款人 账号	2860300600037678336	
付款人 地址	吉林省长春市县	开户行：中国工商银行双阳支行	收款人 地址	广东省南海市县	开户行：中国工商银行新阳支行

金额 人民币（大写）	亿	千	百	十	万	千	百	十	元	角	分
贰拾叁万伍仟叁佰元整			¥	2	3	5	3	0	0	0	0

款项内容	销货款	托收凭据名称	增值税发票等	附寄单证张数	3张
商品发运情况	已发运	合同名称号码	00385630		

备注：	款项收妥日期	
复核 记账	2016年 12月 04日	中国工商银行新阳支行 2016.12.04 柜面专用章 收款人开户银行签章 2016 年 12月 04日

此联作收款人开户银行给收款人的受理回单

单据 6－2－4

中国工商银行
转账支票存根
30909321
20617428

附加信息

出票日期 2016 年 12 月 04 日

收款人：	南海市华运物流公司
金 额：	¥1300.00
用 途：	垫付运费

单位主管 会计

单据 6－3－1

2300037312　　**南海增值税专用发票**　　№ 00237824　　2300037312 00237824

发票联

校验码 37492 29844 17642 34322　　开票日期：2016年12月08日

购买方	名称：盟江轴承有限公司 纳税人识别号：914406052365011782 地址、电话：南海市长安路7号 0757-8877261 开户行及账号：中国工商银行新阳支行 2860300600037678336			密码区	75/373*4348*7>+>-2//54348*7 >*23-4367-7<8*873/+<4840+44 234+2395*3-/>7142>>8--56<19 5/37503848*7>234504>-000002		
货物或应税劳务、服务名称	规格型号	单位	数量	单价	金额	税率	税额
包装纸箱		个	2000	3.00	6000.00	17%	1020.00
合计					¥6000.00		¥1020.00
价税合计（大写）	⊗柒仟零贰拾元整				（小写）¥7020.00		
销售方	名称：南海盛大包装厂 纳税人识别号：914406052357209776 地址、电话：南海市中山路48号 0757-8633427 开户行及账号：中国工商银行西子营业部 4309020044567322668			备注	南海盛大包装厂 914406052357209776 发票专用章		

收款人：　　复核：　　开票人：陈晨　　销售方：（章）

第三联：发票联　购买方记账凭证

税总函〔2015〕562号海南华森实业公司

单据 6－3－2

入　库　单

2016 年 12 月 08 日　　　　单号 30583906

交来单位及部门	南海盛大包装厂	验收仓库	二号库	入库日期	2016-12-08	
编号	名称及规格	单位	数量		实际价格	
			交库	实收	单价	金额
003	包装纸箱	个	2000	2000	3.00	6000.00
合计						¥6000.00

财务联

财务经理：　　仓库主管：　　经办人：　　制单人：王晓

单据 6－4

2300033220 　　南海增值税专用发票 　　№ 00382830 　　2300033220 00382830

此联不作报销、扣税凭证使用

校验码 37191 49274 40292 83266 　　开票日期：2016年12月09日

购买方	名　　称：华光公司 纳税人识别号：914406052300167332 地　址、电　话：南海市和平路159号 0757-8804213 开户行及账号：中国工商银行新恒支行 3450300650076345005	密码区	58-76876*567568555598>769<8 234+2395*3-/>7142>>8--56<19 2//5>*8574567-7<8*873000007 <413-3001152-/7143>>8000008

货物或应税劳务、服务名称	规格型号	单位	数量	单价	金额	税率	税额
轴承 6406		箱	200	800.00	160000.00	17%	27200.00
合　　计					¥160000.00		¥27200.00
价税合计（大写）	⊗壹拾捌万柒仟贰佰元整				（小写）¥187200.00		

销售方	名　　称：盟江轴承有限公司 纳税人识别号：914406052365011782 地　址、电　话：南海市长安路7号 0757-8877261 开户行及账号：中国工商银行新阳支行 2860300600037678336	备注	

收款人： 　　复核： 　　开票人：颜子 　　销售方：（章）

税总函［2015］562号海南华森实业公司

第一联：记账联 销售方记账凭证

单据 6－5－1

2300033220 　　南海增值税专用发票 　　№ 00382831 　　2300033220 00382831

此联不作报销、扣税凭证使用

校验码 37191 49272 40292 83267 　　开票日期：2016年12月11日

购买方	名　　称：红光公司 纳税人识别号：914406052377066237 地　址、电　话：南海市建新街372号 0757-4204987 开户行及账号：中国工商银行建新支行 3450300650098789330	密码区	58-76876*567568555598>769<8 234+2395*3-/>7142>>8--56<19 2//5>*8574567-7<8*873000007 <413-3001152-/7143>>8000008

货物或应税劳务、服务名称	规格型号	单位	数量	单价	金额	税率	税额
轴承 6408		箱	100	1000.00	100000.00	17%	17000.00
合　　计					¥100000.00		¥17000.00
价税合计（大写）	⊗壹拾壹万柒仟元整				（小写）¥117000.00		

销售方	名　　称：盟江轴承有限公司 纳税人识别号：914406052365011782 地　址、电　话：南海市长安路7号 0757-8877261 开户行及账号：中国工商银行新阳支行 2860300600037678336	备注	

收款人： 　　复核： 　　开票人：颜子 　　销售方：（章）

税总函［2015］562号海南华森实业公司

第一联：记账联 销售方记账凭证

单据 6－5－2

银行承兑汇票　2　68791083　30583900

出票日期（大写）　贰零壹陆 年　壹拾贰 月　壹拾壹 日

出票人全称	红光公司	收款人	全　称	盟江轴承有限公司
出票人账号	3450300650098789330		账　号	2860300600037678336
付款行名称	中国工商银行建新支行		开户银行	中国工商银行新阳支行
出票金额	人民币（大写）壹拾壹万柒仟元整		亿千百十万千百十元角分	¥11700000
汇票到期日（大写）	贰零壹柒年零贰月壹拾壹日	付款行	行号	103934002366
承兑协议编号			地址	南阳市建新街运河北路112号
本汇票请你行承兑，到期无条件付款。 （红光公司财务专用章）（美江印丽） 出票人签章		本汇票已经承兑，到期日由本行付款。（密押）王路瑶 （中国工商银行建新支行 汇票专用章 103934002366） 承兑行签章 承兑日期 2016年 12月 11日		
		备注：	复核	记账

此联收款人开户行随托收凭证寄付款行作借方凭证附件

单据 6－6－1

2300036732　南海增值税专用发票　№ 03237826　2300036732　03237826

发票联

校验码 37492 29844 17642 34322　开票日期：2016年12月13日

购买方	名　　称：盟江轴承有限公司 纳税人识别号：914406052365011782 地 址、电 话：南海市长安路7号 0757-8877261 开户行及账号：中国工商银行新阳支行 2860300600037678336				密码区	75/373*4348*7>+>-2//54348*7 >*23-4367-7<8*873/+<4810+48 234+2335*3-/>7142>>8--56<12 5/3750848*7>234504>-0122303	
货物或应税劳务、服务名称	规格型号	单位	数量	单价	金额	税率	税额
不锈钢板		吨	20	4000.00	80000.00	17%	13600.00
合　计					¥80000.00		¥13600.00
价税合计（大写）	⊗玖万叁仟陆佰元整				（小写）¥93600.00		
销售方	名　　称：南海市华南钢铁厂 纳税人识别号：914406052355400911 地 址、电 话：南海市长江路432号 0757-2563342 开户行及账号：中国工商银行铁西支行 1603005836380783350				备注	（南海市华南钢铁厂 914406052355400911 发票专用章）	

收款人：　　复核：　　开票人：林金凤　　销售方：（章）

税总函［2015］562号海南华森实业公司

第三联：发票联　购买方记账凭证

单据 6－6－2

中国工商银行信汇凭证（回单）　　1

委托日期 2016年12月13日

汇款人	全　称	盟江轴承有限公司	收款人	全　称	南海市华南钢铁厂
	账　号	286D3DD6DDD37678336		账　号	16D3DD5836380783350
	汇出地点	广东　省南海　市/县		汇入地点	广东　省南海　市/县
汇出行名称		中国工商银行新阳支行	汇入行名称		中国工商银行铁西支行

金额	人民币（大写）	陆仟肆佰元整	亿	千	百	十	万	千	百	十	元	角	分
							¥	6	4	0	0	0	0

中国工商银行新阳支行 2016.12.13 柜面专用章 汇出行签章	支付密码 附加信息及用途：剩余货款

此联汇出行给汇款人的回单

单据 6－7

托收凭证（汇款依据或收账通知）　　4

委托日期　2016年 12月 04日

付款期限　　年　　月　　日

业务类型	委托收款（□邮划、☑电划）　托收承付（□邮划、□电划）						
付款人	全　称	江南配件公司		收款人	全　称	盟江轴承有限公司	
	账　号	4402082631150283589			账　号	2860300600037678336	
	地　址	吉林　省长春　市县	开户行 中国工商银行双阳支行		地　址	广东 省 南海 市县	开户行 中国工商银行新阳支行

金额	人民币（大写）	贰拾叁万伍仟叁佰元整	亿	千	百	十	万	千	百	十	元	角	分
					¥	2	3	5	3	0	0	0	0

款项内容	销货款	托收凭据名称	增值税发票等	附寄单证张数	3张
商品发运情况	已发运	合同名称号码			

备注： 复核　　记账	上列款项已划回收入你方帐户内 中国工商银行新阳支行 2016.12.14 柜面专用章 收款人开户银行签章 2016年　12月　14日	

此联付款人开户银行凭以汇款或收款人开户银行作收账通知

单据 6－8－1

2300033220　**南海增值税专用发票**　№ 00382832

2300033220
00382832

此联不作报销、扣税凭证使用

校验码 24422 44456 09332 45667　　开票日期：2016年12月16日

购买方
名　　称：星河商贸公司
纳税人识别号：914406052399056221
地 址、电 话：南海市和兴路159号　0757-8808255
开户行及账号：中国工商银行新恒支行　3450300650076345224

密码区
>*23-4367-7<8*873/+<4840+48
88//84567>094#77564058874/3
76867>87*+006987<7687990+*1
2//5>*8574567-7<8*873000007

货物或应税劳务、服务名称	规格型号	单位	数量	单价	金额	税率	税额
轴承 6408		箱	300	1000.00	300000.00	17%	51000.00
合　　计					¥300000.00		¥51000.00

价税合计（大写）　⊗叁拾伍万壹仟元整　　（小写）¥351000.00

销售方
名　　称：盟江轴承有限公司
纳税人识别号：914406052365011782
地 址、电 话：南海市长安路7号　0757-8877261
开户行及账号：中国工商银行新阳支行　2860300600037678336

备注

（印章：盟江轴承有限公司 914406052365011782 发票专用章）

收款人：　　复核：　　开票人：颜子　　销售方：（章）

第一联：记账联　销售方记账凭证

税总函［2015］562号海南华森实业公司

单据 6－8－2

2300034528　**南海增值税专用发票**　№ 30233311

2300034528
30233311

发票联

校验码 13293 32421 23452 76897　　开票日期：2016年12月16日

购买方
名　　称：星河商贸公司
纳税人识别号：914406052399056221
地 址、电 话：南海市和兴路159号　0757-8808255
开户行及账号：中国工商银行新恒支行　3450300650076345224

密码区
<445+69699698*23445#-0498<5
5/37503848*7>234504>-000006
58-7#*+77876*56756898>769<8
76867>87*+006987<7687990+*1

货物或应税劳务、服务名称	规格型号	单位	数量	单价	金额	税率	税额
运费		次	1	720.72	720.72	11%	79.28
合　　计					¥720.72		¥79.28

价税合计（大写）　⊗捌佰元整　　（小写）¥800.00

销售方
名　　称：南海市华运物流公司
纳税人识别号：914406052300656722
地 址、电 话：南海市淮河路122号　0757-8366218
开户行及账号：中国工商银行淮河支行　8890772317882006912

备注：盟江-星河，轴承6408

（印章：南海市华运物流公司 914406052300656722 发票专用章）

收款人：　　复核：　　开票人：陈心　　销售方：（章）

第三联：发票联　购买方记账凭证

税总函［2015］562号海南华森实业公司

单据 6－8－3

购销折扣合同

甲方：星河商贸公司

乙方：盟江轴承有限公司

甲方于2016年12月16日向乙方购买轴承（6408）300箱，单价1000元，货款300000元，税款51000元。经双方商定，实行现金折扣，具体折扣条件为2/10，1/20，3/n。

以上条件，甲乙双方共同遵守。

甲方：星河商贸公司（星河商贸公司 合同专用章）　　　乙方：盟江轴承有限公司（盟江轴承有限公司 合同专用章）

单据 6－9

托收凭证 （汇款依据或收账通知） 4

委托日期 2016年 11月 16日　　　付款期限 年 月 日

业务类型	委托收款（□邮划、☑电划） 托收承付（□邮划、□电划）					
付款人	全称	金鑫商贸公司	收款人	全称	盟江轴承有限公司	
	账号	5602087630783691390		账号	2860300600037678336	
	地址	广东省南海市县 开户行 中国工商银行建设支行		地址	广东省南海市县 开户行 中国工商银行新阳支行	
金额	人民币（大写）	壹拾万元整	亿 千 百 十 万 千 百 十 元 角 分	¥ 1 0 0 0 0 0 0 0		
款项内容	销货款	托收凭据名称		附寄单证张数	1张	
商品发运情况	已发运		合同名称号码			
备注：银行承兑汇票到期收款 复核 记账	上列款项已划回收入你方帐户内 （中国工商银行新阳支行 2016.12.17 柜面专用章） 收款人开户银行签章 2016年 12月 17日					

此联付款人开户银行凭以汇款或收款人开户银行作收账通知

单据 6－10

坏账损失申请单

应收南方公司货款3000元，逾期三年无法收回，经批准同意核销，转作坏账。

财务经理：李伟
总经理(签字)：张广文
2016年12月19日

单据 6－11－1

ICBC 中国工商银行 进账单(收账通知) 3

2016 年 12 月 25 日 №

出票人	全称	星河商贸公司	收款人	全称	盟江轴承有限公司									
出票人	账号	3450300650076345224	收款人	账号	2860300600037678336									
出票人	开户银行	中国工商银行新恒支行	收款人	开户银行	中国工商银行新阳支行									
金额	人民币(大写)	叁拾肆万伍仟捌佰元整		亿	千	百	十	万	千	百	十	元	角	分
						¥	3	4	5	8	0	0	0	0
票据种类	支票	票据张数												
票据号码														
备注：														
复核：	记账：		收款人开户银行签章											

中国工商银行新阳支行 2016.12.25 柜面专用章

175*85mm GH066011

此联是收款人开户银行交给收款人的收账通知

单据 6－11－2

购销折扣合同

甲方：星河商贸公司
乙方：盟江轴承有限公司
甲方于2016年12月16日向乙方购买轴承（6408）300箱，单价1000元，货款300000元，税款51000元。经双方商定，实行现金折扣，具体折扣条件为2/10，1/20，3/n。
以上条件，甲乙双方共同遵守。

甲方：星河商贸公司（星河商贸公司 合同专用章）　　乙方：盟江轴承有限公司（盟江轴承有限公司 合同专用章）

单据 6－12

收款收据

NO. 6013558

2016 年12 月29 日

今 收 到	国安集团有限公司包装物押金
金额（大写）	零拾 零万 零仟 捌佰 零拾 零元 零角 零分
¥ 800.00	☑ 现金 ☐ 支票 ☐ 信用卡 ☐ 其他
收款单位（盖章）	现金收讫

核准　　会计 李伟　　记账　　出纳 王陵　　经手人 陈思思

第三联 会计联

单据 6－13

贴现凭证（收款通知） ④

填写日期 2016 年 12 月 28 日　　第 2416 号

贴现汇票	种类	银行承兑汇票	号码 68791083	申请人	名称	盟江轴承有限公司
	出票日	2016 年 12 月 11 日			账号	28603006000037678336
	到期日	2017 年 02 月 11 日			开户银行	中国工商银行新阳支行
汇票承兑人(或银行)	名称	红光公司	账号 3450300650098789330		开户银行	中国工商银行建新支行
汇票金额（即贴现金额）	人民币（大写）	壹拾壹万柒仟元整				¥117 000.00
贴现率每月	5 ‰	贴现利息	¥877.00		实付贴现金额	¥116 123.00

上述款项已入你单位账号。
此致
贴现申请人
（中国工商银行新阳支行 2016.12.28 柜面专用章）
银行盖章

备注：

此联银行给申请人的收款通知

单据 6－14

坏账准备提取计算表

2016年12月31日

应收账款科目余额	坏账准备估计比率/%	应提坏账准备数/元	账面已提数/元	应提取（或冲减）数/元
	1			
合 计				

单据 7－1

成交过户交割凭单

01/12/2016 买

股东编号：	A6093098	成交证券：	凌钢
电脑编号：	890769	成交数量/股：	6 000
公司代号：	198	成交价格/元：	10.00
申请编号：	575	成交金额/元：	60 000.00
申报时间：	10:28:22	标准佣金/元：	180.00
成交时间：	10:45:15	过户费用/元：	
上次余额：	0（股）	印花税/元：	120.00
本次成交：	6000（股）	应付金额/元：	60 300.00
本次余额：	6000（股）	最终余额/元：	
附加费用：		实付金额/元：	60 300.00

经办单位： 客户签章：盟江轴承有限公司

单据 7－2－1

投资协议书（摘录）

投出单位：国安集团有限公司

投入单位：盟江轴承有限公司

……

国安集团有限公司向盟江轴承有限公司投资货币资金1000 000元，国安集团有限公司投资后盟江轴承有限公司占新注册资本的10%。

国安集团有限公司必须在2016年12月20日前向盟江轴承有限公司出资。

……

单据 7－2－2

ICBC 中国工商银行 进账单（收账通知） 3

2016 年 12 月 12 日 №

出票人	全称	国安集团有限公司	收款人	全称	盟江轴承有限公司
	账号	3450300650078456713		账号	2860300600037678336
	开户银行	中国工商银行建新支行		开户银行	中国工商银行新阳支行
金额	人民币（大写）	壹佰万元整	亿千百十万千百十元角分		¥ 1 0 0 0 0 0 0 0 0
票据种类	支票	票据张数			
票据号码					

备注：

复核： 记账：

中国工商银行新阳支行 2016.12.12 柜面专用章

收款人开户银行签章

此联是收款人开户银行交给收款人的收账通知

17585mm GH 066011

单据 7－2－3

收 款 收 据

NO. 6013556

2016 年12 月12 日

今 收 到 国安集团有限公司投资款

金额（大写） 壹 佰 零 拾 零 万 零 仟 零 佰 零 拾 零 元 零 角 零 分

￥ 1,000,000.00 □ 现金 ☑ 支票 □ 信用卡 □ 其他

收款单位（盖章） 现金收讫

第三联会计联

核准 会计 李伟 记账 出纳 王陵 经手人 陈思思

单据 7－3

ICBC 中国工商银行 业务回单（付款）

日期： 2016年 12月 12日 回单编号： 15349000021

付款人户名： 盟江轴承有限公司 付款人开户行： 中国工商银行新阳支行

付款人账号（卡号）： 2860300600037678336

收款人户名： 收款人开户行：

收款人账号（卡号）：

金额： 伍万元整 小写： 50000.00元

业务（产品）种类： 结算业务凭证 凭证种类： 000000000 凭证号码： 0000000000000000

摘要： 生产周转借款还款 用途： 币种： 人民币

交易机构： 0410000292 记账柜员： 03741 交易代码： 02108 渠道： 柜面

产品名称： 费用名称：

应收金额： 50000.00 实收金额： 50000.00 收费渠道：

（中国工商银行新阳支行 2016.12.12 柜面专用章）

单据 7－4

成交过户交割凭单

13/12/2016 卖

股东账号：	A6093098	成交数量/股：	5 000
股东姓名：	盟江轴承有限公司	成交价格/元：	30.00
股票代码：	198	成交金额/元：	150 000.00
股票名称：	东风股份	标准佣金/元：	280.00
申报时间：	10:28:22	过户费用/元：	20.00
成交时间：	10:45:15	印花税/元：	620.00
上次余额：	5000（股）	实收金额/元：	149 080.00
本次成交：	5000（股）		
本次余额：	0（股）		

经办单位： 客户签章：盟江轴承有限公司

（国安证券南海营业部）

单据 7－5

关于资本公积转增资本的决议

……

经研究决定，用资本公积200 000元转增资本。

……

总经理：张广文

公章：盟江轴承有限公司

（盟江轴承有限公司 财务专用章）

2016年12月18日

单据 7－6

中国工商银行借款凭证

① No.23567219

2016 年 12 月 21 日

借款人	盟江轴承有限公司	贷款账号	4589672389223	存款账号	2860300600037678336
贷款金额	贰拾万元整				
用途	流动资金周转	期限 6个月	约定还款日期 2017年06月21日	贷款利率 5.58%	借款合同号码 8714560023

亿	千	百	十	万	千	百	十	元	角	分
		¥	2	0	0	0	0	0	0	0

上列贷款已转入借款人指定的账户。

（中国工商银行新阳支行 2016.12.21 柜面专用章）

复核　　记账

CH 087912

第一联 回单

单据 7－7

中国工商银行利息凭证

户名:盟江轴承有限公司　　　　2016年12月21日　　　　账号:28603006000376783336

起息日	结息日	天数	积数										利率	利息									
			千	百	十	万	千	百	十	元	角	分		千	百	十	万	千	百	十	元	角	分
2016-09-21	2016-12-20	91		¥	3	0	0	0	0	0	0	0	5.564%				¥	4	1	6	1	7	5
本　　金													利息合计				¥	4	1	6	1	7	5
本息合计																							
(银行盖章)																							

中国工商银行新阳支行 2016.12.21 柜面专用章

第三联 回单联

单据 7－8

长期借款利息计算表

2016年12月31日

借款名称	借款金额/元	计息期间	借款利率/%	借款利息/元
厂房扩建借款	50 000 000.00	12月01日-12月31日	6	250 000.00
合计:				250 000.00

单据 7－9

公允价值变动损益计算表

2016年12月31日

交易性金融资产项目	持有数量	成本/元	“公允价值变动”余额	期末市价/元	资产公允价值/元	本期公允价值变动/元	公允价值变动净损益/元
凌钢股份	6000股	60000.00	0	13.00	78 000.00	18 000.00	18 000.00

单据 8－1－1

收款收据

NO. 6013556

2016 年12 月03日

今收到 大连市广仁轴承厂预付货款

金额（大写） 零 拾 叁 万 零 仟 零 佰 零 拾 零 元 零 角 零 分

¥ 30,000.00　　☐ 现金　　☐ 支票　　☐ 信用卡　　☑ 其他

收款单位（盖章） 现金收讫

第三联会计联

核准　　会计　　记账　　出纳 王陵　　经手人 王雨

单据 8－1－2

中国工商银行信汇凭证（收账通知）　4

委托日期 2016 年 12 月 03 日

汇款人	全称	大连市广仁轴承厂	收款人	全称	盟江轴承有限公司
	账号	3450300721151782260		账号	2860300600037678336
	汇出地点	辽宁 省 大连 市/县		汇入地点	广东 省 南海 市/县
汇出行名称		中国工商银行星河支行	汇入行名称		中国工商银行新阳支行

金额	人民币（大写） 叁万元整	亿	千	百	十	万	千	百	十	元	角	分
					¥	3	0	0	0	0	0	0

款项已收入收款人账户 （中国工商银行新阳支行 2016.12.03 柜面专用章） 汇入行签章	支付密码 附加信息及用途： 预付货款 复核：　　记账：

此联给收款人的收账通知

单据 8－2－1

南海增值税专用发票

2300036820　　　　No 48900223　　2300036820 48900223

校验码 33224 05059 82374 84833　　　　发票联　　　　开票日期：2016年12月03日

购买方	名　　称：盟江轴承有限公司 纳税人识别号：914406052365011782 地 址、电 话：南海市长安路7号 0757-8877261 开户行及账号：中国工商银行新阳支行 2860300600037678336
密码区	>*23-4367-7<8*873/+<4840+48 234+2395*3-/>7142>>8--56<19 5/37503848*7>234504>-000006 2//5>*8574567-7<8*873000007

货物或应税劳务、服务名称	规格型号	单位	数量	单价	金额	税率	税额
广告费			1	1886.79	1886.79	6%	113.21
合计					￥1886.79		￥113.21
价税合计（大写）	⊗贰仟元整				（小写）￥2000.00		

销售方	名　　称：南海市云华广告公司 纳税人识别号：914406052391263588 地 址、电 话：南海市西子路157号 0757-8263110 开户行及账号：中国工商银行西子营业部 1108237756203671033
备注	南海市云华广告公司 914406052391263588 发票专用章

收款人：　　复核：　　开票人：王波　　销售方：（章）

第三联：发票联　购买方记账凭证

单据 8－2－2

中国工商银行
转账支票存根

30909321
20617429

附加信息

出票日期 2016 年 12 月 03 日

收款人：	南海市云华广告公司
金　额：	￥2000.00
用　途：	广告费

单位主管　　　会计

单据 8－3－1

代销协议（简）

甲方：盟江轴承有限公司

乙方：南海宏成五金商场

甲方为扩大产品销售渠道，委托乙方代为销售深沟球轴承（6406）100箱，每箱不含税售价1000元，乙方销售后进行货款结算。

乙方按不含税售价的10%收取代销手续费。

……

甲方盖章：（盟江轴承有限公司 财务专用章）　　　　乙方盖章：（南海宏成五金商场 财务专用章）

2016年12月04日　　　　2016年12月04日

单据 8－3－2

出 库 单

出货单位：盟江轴承有限公司　　　　2016 年 12 月 04 日　　　　单号：6021310

提货单位或领货部门	南海宏成五金商场	销售单号		发出仓库	仓库二	出库日期	2016-12-04

编号	名称及规格	单位	数量		单价	金额	备注
			应发	实发			
01	深沟球轴承6406	箱	100	100	600.00	60,000.00	采用代销方式
合计						60,000.00	

部门经理：　　　会计：　　　仓库：　　　经办人：江东

会计联

单据 8－4－1

南海增值税专用发票

2300034528　　　　№ 30233312　　2300034528　30233312

发票联

校验码 23475 03028 82763 81345　　　　开票日期：2016年12月08日

购买方	名　　称：济南市光华厂 纳税人识别号：913701006300126532 地 址、电 话：山东省济南市历城区凤岐路230号 0513-8213564 开户行及账号：中国工商银行历城支行 1298001578226100273	密码区	75/373*4348*7>+>-2//54348*2 >*23-4367-7<8*873/+<4840+41 234+4395*3-/>7142>>8--56<19 5/37503848*7>234504>-068003

货物或应税劳务、服务名称	规格型号	单位	数量	单价	金额	税率	税额
运费			1	1080.00	1080.00	11%	120.00
合计					¥1080.00		¥120.00
价税合计（大写）	⊗壹仟贰佰元整				（小写）¥1200.00		

销售方	名　　称：南海市华运物流公司 纳税人识别号：91440605230065672 2 地 址、电 话：南海市淮河路122号 0757-8366218 开户行及账号：中国工商银行淮河支行 8890772317882006912	备注	盟江 济南，深沟球轴承（6406）

收款人：　　　复核：　　　开票人：张晶　　　销售方：（章）

南海市华运物流公司 914406052300656722 发票专用章

第三联：发票联 购买方记账凭证

税总函〔2015〕1562号海南华森实业公司

单据 8－4－2

南海增值税专用发票

2300033220　　№ 00382833　　2300033220 00382833

此联不作报销、扣税凭证使用

校验码 37191 49272 40292 83267　　开票日期：2016年12月08日

税总函［2015］562号海南华森实业公司

购买方	名　　称：济南市光华厂 纳税人识别号：913701006300126532 地 址、电 话：山东省济南市历城区凤岐路230号 0513-8213564 开户行及账号：中国工商银行历城支行 1298001578226100273				密码区	58-76876*5670000000598>699 76867>87*+006987<7111110+*1 <413-30011-+*152-/7142>>008 76587>75+-+*6857<1111790*64		
货物或应税劳务、服务名称	规格型号	单位	数量	单价	金额	税率	税额	
深沟球轴承	6406	箱	45	900.00	40 500.00	17%	6 885.00	
深沟球轴承	6408	箱	100	1000.00	100 000.00	17%	17 000.00	
合　　计					¥140 500.00		¥23885.00	
价税合计（大写）	⊗壹拾陆万肆仟叁佰捌拾伍元整				（小写）¥164385.00			
销售方	名　　称：盟江轴承有限公司 纳税人识别号：914406052365011782 地 址、电 话：南海市长安路7号 0757-8877261 开户行及账号：中国工商银行新阳支行 2860300600037678336				备注			

收款人：　　复核：　　开票人：颜子　　销售方：（章）

盟江轴承有限公司 914406052365011782 发票专用章

第一联：记账联　销售方记账凭证

单据 8－4－3

托收凭证（受理回单）　　1

委托日期 2016 年 12 月 08 日

业务类型	委托收款（□邮划、☑电划）　托收承付（□邮划、□电划）					
付款人	全称	济南市光华厂	收款人	全称	盟江轴承有限公司	
	账号	1298001578226100273		账号	2860300600037678336	
	地址	山东省 济南市县 开户行 中国工商银行历城支行		地址	广东省 南海市县 开户行 中国工商银行新阳支行	
金额	人民币（大写）	壹拾陆万伍仟伍佰捌拾伍元整			亿千百十万千百十元角分：¥ 1 6 5 5 8 5 0 0	
款项内容	销货款	托收凭据名称	增值税发票等		附寄单证张数	3张
商品发运情况	已发运			合同名称号码		
备注： 复核　记账		年　月　日		收款人开户银行签章 2016年 12月 08日		

中国工商银行新阳支行 2016.12.08 柜面专用章

（2005）10×17.5公分 交15角置印刷 0512-65011866

此联作收款人开户银行给收款人的受理回单

单据 8－4－4

中国工商银行
转账支票存根
30909321
20617430

附加信息

出票日期 2016 年 12 月 08 日

收款人：	南海市华运物流公司
金　额：	¥1200.00
用　途：	垫付运费

单位主管　　　　会计

单据 8－4－5

出　库　单

出货单位：盟江轴承有限公司　　　　2016 年 12 月 08 日　　　　单号：8012453

提货单位或领货部门	济南市光华厂	销售单号		发出仓库	仓库一	出库日期	2016-12-08

编号	名称及规格	单位	数量		单价	金额	备注
			应发	实发			
01	深沟球轴承6406	箱	45	45			销售
02	深沟球轴承6408	箱	100	100			
	合计						

会计联

部门经理：　　　　会计：　　　　仓库：　　　　经办人：江东

单据 8－5

2300033220　　　　南海增值税专用发票　　　　№ 00382834　2300033220 00382834

此联不作报销、扣税凭证使用

校验码 37191 49272 40292 83267　　　　开票日期：2016年12月08日

购买方	名　　称：江南机械有限公司 纳税人识别号：91440605236391122O 地 址、电 话：南海市幸福路156号 0757-5364425 开户行及账号：中国工商银行建新支行 3450300650076345006
密码区	58-76876*567568555598>769<8 76867>87*+006987<7687990+*1 <413-30011-+*152-/7142>>008 76587>75+-+*6857<6345790*64

货物或应税劳务、服务名称	规格型号	单位	数量	单价	金额	税率	税额
高碳轴承钢		吨	3.2	3200.00	10 240.00	17%	1 740.80
合计					¥10 240.00		¥1 740.80
价税合计（大写）	⊗壹万壹仟玖佰捌拾元零捌角整					（小写）¥11980.80	

销售方	名　　称：盟江轴承有限公司 纳税人识别号：91440605236501178２ 地 址、电 话：南海市长安路7号 0757-8877261 开户行及账号：中国工商银行新阳支行 2860300600037678336
备注	

收款人：　　　　复核：　　　　开票人：颜子　　　　销售方：（章）

税总函［2015］1562号海南华森实业公司

第一联：记账联　销售方记账凭证

单据 8－6－1

2300033220　　**南海增值税专用发票**　　№ 00382835　　2300033220　00382835

此联不作报销、扣税凭证使用

校验码 12011 03932 84756 62634　　开票日期：2016年12月09日

购买方		密码区	
名　　称：长城机械厂		76587>75+—+*6857<6345790*64	
纳税人识别号：914406052300788234		58-7#*+77876*56756898>769<8	
地　址、电　话：南海市淮河路77号 0757-8309211		235-56<19458<3840+481*56780	
开户行及账号：中国工商银行淮河支行 8890900650032670239		75/373*4348*7>+>-2//54348*7	

货物或应税劳务、服务名称	规格型号	单位	数量	单价	金额	税率	税额
包装纸箱		个	250	5.60	1400.00	17%	238.00
合　　计					¥1400.00		¥238.00
价税合计（大写）	⊗壹仟陆佰叁拾捌元整				（小写）¥1638.00		

销售方	备注
名　　称：盟江轴承有限公司	
纳税人识别号：914406052365011782	
地　址、电　话：南海市长安路7号 0757-8877261	
开户行及账号：中国工商银行新阳支行 2860300600037678336	

收款人：　　复核：　　开票人：颜子　　销售方：（章）

第一联：记账联　销售方记账凭证

税总函〔2015〕562号海南华森实业公司

（印章：盟江轴承有限公司 914406052365011782 发票专用章）

单据 8－6－2

ICBC 中国工商银行　　进账单（收账通知）3

2016 年 12 月 10 日　　№

出票人		收款人	
全　　称	长城机械厂	全　　称	盟江轴承有限公司
账　　号	8890900650032670239	账　　号	2860300600037678336
开户银行	中国工商银行淮河支行	开户银行	中国工商银行新阳支行

金额	亿	千	百	十	万	千	百	十	元	角	分
人民币（大写）壹仟陆佰叁拾捌元整					¥	1	6	3	8	0	0

票据种类	支票	票据张数	1
票据号码			

备注：

复核：　　记账：

（印章：中国工商银行新阳支行 2016.12.10 柜面专用章）　收款人开户银行签章

此联是收款人开户银行交给收款人的收账通知

175*85mm GH066011

单据 8－6－3

出库单

出货单位：盟江轴承有限公司　　2016 年 12 月 09 日　　单号：7865223

提货单位或领货部门	长城机械厂	销售单号		发出仓库	仓库一	出库日期	2016-12-09

编号	名称及规格	单位	数量 应发	数量 实发	单价	金额	备注
003	包装纸箱	个	250	250			
合计			250	250			

会计联

部门经理：　　会计：　　仓库：　　经办人：江东

单据 8－7－1

固定资产出售交接单

2016年12月10日

销售单位：	盟江轴承有限公司	购入单位：	南海市车床厂
名称及型号：	机床	数量：	1
原始价值/元：	30 000	已提折旧/元：	7 000
净值/元：	23 000	预计年限：	20年
方式：	出售	出售价格：	26 000元
备注：			

单位：　　主管：　　会计：

（印章：盟江轴承有限公司 财务专用章）

单据 8－7－2

南海增值税专用发票

2300033220　　№ 00382836　　2300033220 00382836

此联不作报销、扣税凭证使用

校验码 34848 02108 84221 71634　　开票日期：2016年12月08日

购买方	名称：南海市车床厂 纳税人识别号：9144060523651008E4 地址、电话：南海市明珠大街65号 0757-8675303 开户行及账号：中国工商银行明珠支行 3450300625318009323	密码区	<413-3001152-/7142>>8000008 59698/>4958664469085787673 8 58-76876*567568555598>769<8 76867>87*+006987<7687990+*1

货物或应税劳务、服务名称	规格型号	单位	数量	单价	金额	税率	税额
机床		台	1	26000.00	26000.00	17%	4420.00
合计					￥26000.00		￥4420.00
价税合计（大写）	⊗叁万零肆佰贰拾元整				（小写）￥30420.00		

销售方	名称：盟江轴承有限公司 纳税人识别号：91440605236501178 2 地址、电话：南海市长安路7号 0757-8877261 开户行及账号：中国工商银行新阳支行 2860300600037678336	备注	

收款人：　　复核：　　开票人：颜子　　销售方：（章）

（印章：盟江轴承有限公司 91440605236501178 2 发票专用章）

税总函[2015]562号海南华森实业公司

第一联：记账联　销售方记账凭证

单据 8－7－3

ICBC 中国工商银行　　　　进账单（收账通知）3

2016 年 12 月 10 日　　　　№

出票人	全称	南海市车床厂	收款人	全称	盟江轴承有限公司
	账号	3450300625318009323		账号	2860300600037678336
	开户银行	中国工商银行明珠支行		开户银行	中国工商银行新阳支行
金额	人民币（大写）	叁万零肆佰贰拾元整		亿千百十万千百十元角分	¥3042000
	票据种类	支票	票据张数	1	
	票据号码				
备注：					
复核：		记账：		收款人开户银行签章	

中国工商银行新阳支行 2016.12.10 柜面专用章

175*85mm GH066011

此联是收款人开户银行交给收款人的收账通知

单据 8－7－4

固定资产清理净损益计算单

2016年12月10日

单位：元

原值	已提折旧	减值减备	净值	清理费用	清理收入	净收益（损失"－"）
30 000	7 000		23 000		26 000	3 000

单据 8－8－1

收款收据　　　　NO. 6013561

2016 年 12 月 11 日

今收到 盟江轴承有限公司违约金罚款

金额（大写） 零拾 零万 贰仟 零佰 零拾 零元 零角 零分

¥ 2,000.00　☑现金　☐支票　☐信用卡　☐其他

收款单位（盖章） 南海长城有限公司 财务专用章

核准　会计　记账　出纳 王青　经手人 王陵

第二联 收据联

单据 8－8－2

中国工商银行
转账支票存根
30909321
20617431

附加信息

出票日期 2016 年 12 月 11 日

收款人：	南海长城有限公司
金　额：	¥2000.00
用　途：	支付罚款

单位主管　　会计

单据 8－9－1

南海增值税普通发票

2300033850　　№ 00672801　　2300033850 00672801

开票日期：2016年12月12日

校验码 92938 00322 37472 31123

购买方	
名　　称：	南海市749研究所
纳税人识别号：	914406052377653005
地 址、电 话：	南海市和平路28号　0757-8633189
开户行及账号：	中国工商银行新恒支行　3450305528726771008

密码区：
76587>75+—+*6857<6345790*64
58-7#*+77876*56756898>769<8
235-56<19458<3840+481*56780
75/373*4348*7>+>-2//54348*7

货物或应税劳务、服务名称	规格型号	单位	数量	单价	金额	税率	税额
专利技术		项	1	120000.00	120000.00	免税	0.00
合　　计					¥120000.00		¥0.00
价税合计（大写）	⊗壹拾贰万元整				（小写）¥120000.00		

销售方	
名　　称：	盟江轴承有限公司
纳税人识别号：	914406052365011782
地 址、电 话：	南海市长安路7号 0757-8877261
开户行及账号：	中国工商银行新阳支行 2860300600037678336

备注：

收款人：　　复核：　　开票人：颜子　　销售方：（章）

（印章：盟江轴承有限公司 914406052365011782 发票专用章）

第一联：记账联　销售方记账凭证

单据 8－9－2

ICBC 中国工商银行　　**进账单**（收账通知）3

2016 年 12 月 10 日　　№

出票人		收款人	
全　称	南海市749研究所	全　称	盟江轴承有限公司
账　号	3450305528726771008	账　号	2860300600037678336
开户银行	中国工商银行新恒支行	开户银行	中国工商银行新阳支行

金额	亿	千	百	十	万	千	百	十	元	角	分
人民币（大写）壹拾贰万元整			¥	1	2	0	0	0	0	0	0

票据种类	支票	票据张数	1
票据号码			

备注：

复核：　　记账：　　收款人开户银行签章

（印章：中国工商银行新阳支行 2016.12.10 柜面专用章）

此联是收款人开户银行交给收款人的收账通知

175*85mm GH066011

单据 8－10

托收凭证 （汇款依据或收账通知） 4

委托日期 2016年 12月 07日

付款期限 年 月 日

业务类型	委托收款（□邮划、☑电划） 托收承付（□邮划、□电划）						
付款人	全称	济南市光华厂		收款人	全称	盟江轴承有限公司	
	账号	1298001578226100273			账号	2860300600037678336	
	地址	山东 省 济南 市/县	开户行 中国工商银行历城支行		地址	广东 省 南海 市/县	开户行 中国工商银行新阳支行
金额	人民币（大写）	壹拾陆万伍仟伍佰捌拾伍元整				亿千百十万千百十元角分	￥165585 0 0
款项内容	销货款	托收凭据名称	增值税发票等		附寄单证张数	3张	
商品发运情况				合同名称号码			
备注： 复核 记账	上列款项已划回收入你方帐户内 （中国工商银行新阳支行 2016.12.13 柜面专用章） 收款人开户银行签章 2016年 12月 13日						

此联付款人开户银行凭以汇款或收款人开户银行作收账通知

单据 8－11－1

公益性单位接受捐赠统一收据

UNIFIED INVOICE OF DONATION FOR PUBLIC WELFARE ORGANIZATION

国财 2016 年 Y 12 月 M 17 日 D (04)No00186522

捐赠者 Donor	盟江轴承有限公司
捐赠项目 For Purpose	灾区捐款
捐赠金额（实物价值）Total Amount 大写 in Words	零佰零拾零万捌仟零佰零拾零元零角零分
小写 in Figures	佰拾万仟佰拾元角分 ￥800000
货币（实物）种类 Currency Materrl (Objects)	
备注 Notes	

接受单位（签章）Receiver's Seal （南昌红十字基金会 财务专用章） 审核 Verified by 经手人 Handling Person 支票号 Cheque No

感谢您的慷慨捐赠！ Thank you for your generous donation!

财政部监制（2004）10000本 亚美公司印制

第二联 捐赠者 Second Donor

单据 8－11－2

中国工商银行
转账支票存根

30909321

20617432

附加信息

出票日期 2016 年 12 月 17 日

收款人：	南海红十字基金会
金　额：	¥8000.00
用　途：	向灾区捐款

单位主管　　　会计

单据 8－12－1

2300033600　　南海增值税普通发票　　№ 18123440　2300033600 18123440

开票日期：2016年12月18日

校验码 12344 13312 65786 43099

购买方	名　　称：盟江轴承有限公司 纳税人识别号：914406052365011782 地 址、电 话：南海市长安路7号 0757-8877261 开户行及账号：中国工商银行新阳支行 2860300600037678336	密码区	<413-3001152-/7142>>8000008 59698/>4958664469085787673 358-76876*567568555598>769<8 76867>87*+006987<7687990+*1

货物或应税劳务、服务名称	规格型号	单位	数量	单价	金额	税率	税额
通信服务费					972.97	11%	107.03
合　计					¥972.97		¥107.03
价税合计（大写）	⊗壹仟零捌拾元整				（小写）¥1080.00		

销售方	名　　称：中国电信股份有限公司南海分公司 纳税人识别号：91440605233095623N 地 址、电 话：南海市阜外大街19号 0757-8661721 开户行及账号：中国工商银行阜外大街支行 4050200019890006162	备注	

收款人：　　复核：　　开票人：李子轩　　销售方：（章）

第二联：发票联　购买方记账凭证

单据 8－12－2

ICBC 中国工商银行　业务回单（付款）

日期：2016年 12月 17日　　回单编号：15349000022

付款人户名：盟江轴承有限公司　　付款人开户行：中国工商银行新阳支行

付款人账号（卡号）：2860300600037678336

收款人户名：中国电信股份有限公司南海分公司　　收款人开户行：中国工商银行阜外大街支行

收款人账号（卡号）：4050200019890006162

金额：人民币壹仟零捌拾元整　　小写：1080.00元

业务（产品）种类：结算业务凭证　凭证种类：000000000　凭证号码：00000000000000000

摘要：电话费　　用途：

币种：人民币

交易机构：0410000292　记账柜员：03741　交易代码：02108　渠道：柜面

产品名称：　　费用名称：

应收金额：1080.00 实收金额：1080.00 收费渠道：

中国工商银行新阳支行 2016.12.17 柜面专用章

单据 8－13

中国工商银行利息凭证

户名：盟江轴承有限公司　　　　2016年12月21日　　　　账号：2860300600037678336

起息日	结息日	天数	积数 千	百	十	万	千	百	十	元	角	分	利率	利息 千	百	十	万	千	百	十	元	角	分
2016-09-21	2016-12-20	91		¥	4	0	0	0	0	0	0	0	5.816%				¥	5	8	0	0	0	0
本金													利息合计				¥	5	8	0	0	0	0
本息合计																							

中国工商银行新阳支行 2016.12.21 柜面专用章

（银行盖章）

第三联 回单联

单据 8－14

ICBC 中国工商银行　业务回单（付款）

日期：2016年 12月 22日　　　　回单编号：15349781100

付款人户名：盟江轴承有限公司　　　　付款人开户行：中国工商银行新阳支行

付款人账号（卡号）：2860300600037678336

收款人户名：　　　　收款人开户行：

收款人账号（卡号）：

金额：叁拾元整　　　　小写：30.00元

业务（产品）种类：结算业务凭证　凭证种类：000000000　凭证号码：000000000000000000

摘要：工本费和手续费　用途：

币种：人民币

交易机构：0410000290　记账柜员：03747　交易代码：02105　渠道：柜面

产品名称：　费用名称：

应收金额：30.00　实收金额：30.00　收费渠道：

中国工商银行新阳支行 2016.12.22 柜面专用章

单据 8－15－1

2300033220　　**南海增值税专用发票**　　№ 00382837　　2300033220 00382837

此联不作报销、扣税凭证使用

校验码 24422 44456 09332 45667　　开票日期：2016年12月23日

购买方	名　　称：大连市广仁轴承厂 纳税人识别号：912102007822167210 地 址、电 话：大连市星河大街65号 0411-8675031 开户行及账号：中国工商银行星河支行 3450300721151782260				密码区	>*23-4367-7<8*873/+<0040+48 88//84567>094#77564058874/9 11167>87*+006657<7687990+*1 2//5>*8574567-7<8*873111007	
货物或应税劳务、服务名称	规格型号	单位	数量	单价	金额	税率	税额
深沟球轴承	6408	箱	40	1000.00	4 0000.00	17%	6800.00
合　　计					￥40 000.00		￥6800.00
价税合计（大写）	⊗肆万陆仟捌佰元整				（小写）￥46800.00		
销售方	名　　称：盟江轴承有限公司 纳税人识别号：914406052365011782 地 址、电 话：南海市长安路7号 0757-8877261 开户行及账号：中国工商银行新阳支行 2860300600037678336				备注		

收款人：　　复核：　　开票人：颜子　　销售方：（章）

税总函〔2015〕562号海南华森实业公司

第一联：记账联　销售方记账凭证

（印章：盟江轴承有限公司 914406052365011782 发票专用章）

单据 8－15－2

出　库　单

出货单位：盟江轴承有限公司　　2016 年 12 月 23 日　　单号：6784321

提货单位或领货部门	大连市广仁轴承厂	销售单号		发出仓库	仓库一	出库日期	2016-12-23
编号	名称及规格	单位	数量：应发	数量：实发	单价	金额	备注
02	深沟球轴承6408	箱	40	40	1,000.00	40,000.00	销售
	合计					40,000.00	

部门经理：　　会计：　　仓库：　　经办人：江东

会计联

单据 8－16－1

现金股利通知单

2016年12月26日

盟江轴承有限公司：

贵公司认购我公司发行的记名普通股股票3000股，经董事会研究决定，每股发放股利0.5元，请带持股证明办理。

人民币（大写）壹仟伍佰元整　　￥1500.00

特此通知

单位（章）

（印章：南海新兴机械厂 财务专用章）

单据 8－16－2

ICBC 中国工商银行　　**进账单**（收账通知）3

2016 年 12 月 26 日　　№

出票人	全　称	南海新兴机械厂	收款人	全　称	盟江轴承有限公司
	账　号	2860300627813566110		账　号	2860300600037678336
	开户银行	中国工商银行淮河支行		开户银行	中国工商银行新阳支行
金额	人民币（大写）	壹仟伍佰元整		亿千百十万千百十元角分	¥150000
票据种类	支票	票据张数	1		
票据号码					
备注：					
复核：	记账：			收款人开户银行签章	

（印章：中国工商银行新阳支行 2016.12.26 柜面专用章）

此联是收款人开户银行交给收款人的收账通知

175*85mm GH066011

单据 8－17－1

2300039823　　**南海增值税专用发票**　　№ 01810321　　2300039823 01810321

发票联

校验码 33445 67806 11223 34445　　开票日期：2016年12月12日

购买方	名　称：盟江轴承有限公司 纳税人识别号：914406052365011782 地址、电话：南海市长安路7号 0757-8877261 开户行及账号：中国工商银行新阳支行 2860300600037678336	密码区：<413-3#1152-/7142>>80**0080 88//84567>094#77564058874/3 5/+4556-*0998/>059583303000 <445+69699698*23445#-0498<5

货物或应税劳务、服务名称	规格型号	单位	数量	单价	金额	税率	税额
机动车交通事故责任强制保险		次	1	1600	1600.00	6%	96.00
合　计					¥1600.00		¥96.00
价税合计（大写）	⊗壹仟陆佰玖拾陆元整				（小写）¥1696.00		

销售方	名　称：中国太平洋财产保险南海分公司 纳税人识别号：914406052344377563 地址、电话：南海市天平路76号 0757-8863520 开户行及账号：中国工商银行开发支行 2860300836113927881	备注

收款人：　　复核：　　开票人：曹宇　　销售方：（章）

（印章：中国太平洋财产保险南海分公司 914406052344377563 发票专用章）

第三联：发票联　购买方记账凭证

单据 8－17－2

中国工商银行
转账支票存根

30909321
20617433

附加信息

出票日期 2016 年 12 月 26 日

收款人：中国太平洋财产保险南海分公司

金　额：¥1696.00

用　途：支付汽车保险费

单位主管　　会计

单据 8－18－1

2300033220　　**南海增值税专用发票**　　№ 00382838　　2300033220 00382838

此联不作报销、扣税凭证使用

校验码 84920 88422 44321 42111　　开票日期：2016年12月27日

购买方	名称：南海宏成五金商场 纳税人识别号：914406052366521092 地址、电话：南海市长江路65号 0757-8628606 开户行及账号：中国工商银行黄河支行 3450300682213764039			密码区	5/37503848*7>234504>-000006 2//5>*8574567-7<8*873000007 <413-3001152-/7142>>8000008 <413-3#1152-/7142>>80**0080		
货物或应税劳务、服务名称	规格型号	单位	数量	单价	金额	税率	税额
深沟球轴承	6406	箱	100	1000.00	100000.00	17%	17000.00
合计					¥100000.00		¥17000.00
价税合计（大写）	⊗壹拾壹万柒仟元整				（小写）¥117000.00		
销售方	名称：盟江轴承有限公司 纳税人识别号：914406052365011782 地址、电话：南海市长安路7号 0757-8877261 开户行及账号：中国工商银行新阳支行 2860300600037678336			备注			

收款人：　　复核：　　开票人：颜子　　销售方：（章）

（印章：盟江轴承有限公司 914406052365011782 发票专用章）

第一联：记账联　销售方记账凭证

税总函〔2015〕562号海南华森实业公司

单据 8－18－2

南海宏成五金商场代销清单

2016年12月27日

委托单位	代销商品	计量单位	数量	已销售数量
盟江轴承有限公司	深沟球轴承6406	箱	100	100
货款总额/元	100 000.00	增值税/元	17 000.00	
手续费/元	10 000.00	应结算金额/元	107 000.00	

单据 8－18－3

2300032763　　**南海增值税专用发票**　　№ 01810321　　2300032763 01810321

发票联

校验码 11109 39333 48529 92944　　开票日期：2016年12月25日

购买方	名称：盟江轴承有限公司 纳税人识别号：914406052365011782 地址、电话：南海市长安路7号 0757-8877261 开户行及账号：中国工商银行新阳支行 2860300600037678336			密码区	<413-3#1152-/7142>>80**0080 88//84567>094#77564058874/2 5/+4556-*0998/>05958330300> <445+69699698*23445#-0498<3		
货物或应税劳务、服务名称	规格型号	单位	数量	单价	金额	税率	税额
代销手续费		次	1	9433.96	9433.96	6%	566.04
合计					¥9433.96		¥566.04
价税合计（大写）	⊗壹万元整				（小写）¥10000.00		
销售方	名称：南海宏成五金商场 纳税人识别号：914406052366521092 地址、电话：南海市长江路65号 0757-8628606 开户行及账号：中国工商银行黄河支行 3450300682213764039			备注			

收款人：　　复核：　　开票人：李佳　　销售方：（章）

（印章：南海宏成五金商场 914406052366521092 发票专用章）

第三联：发票联　购买方记账凭证

税总函〔2015〕562号海南华森实业公司

单据 8－18－4

ICBC 中国工商银行 进账单（收账通知） 3

2016 年 12 月 27 日 №

出票人	全称	南海宏成五金商场	收款人	全称	盟江轴承有限公司
	账号	3450300682213764039		账号	2860300600037678336
	开户银行	中国工商银行黄河支行		开户银行	中国工商银行新阳支行
金额	人民币（大写）	壹拾万零柒仟元整		亿千百十万千百十元角分	¥ 1 0 7 0 0 0 0 0
票据种类	支票	票据张数 1			
票据号码					
备注：					
复核：	记账：		收款人开户银行签章		

南海宏成五金商场 432519637677522119 发票专用章

此联是收款人开户银行交给收款人的收账通知

175*85mm GH060011

单据 8－19－1

退货申请书

盟江轴承有限公司：

本公司于2016年11月30日购进贵公司深沟球轴承（6406）10箱，其中1箱因存在严重质量问题，请同意办理退货。

附：企业进货退出及索取折让证明书

华光公司

2016年12月23日

华光公司 财务专用章

单据 8－19－2

2300033220 负数 南海增值税专用发票 № 00382839 2300033220 00382839

校验码 12110 83990 33223 44223 此联不作报销、扣税凭证使用 开票日期：2016年12月28日

购买方	名称：华光公司 纳税人识别号：914406052300167332 地址、电话：南海市和平路159号 0757-8804213 开户行及账号：中国工商银行新恒支行 3450300650076345005	密码区：2//5>*8574567-7<8*873000007 <413-3001152-/7142>>8000008 59698/>4958664469085787673 8 58-76876*567568555598>769<8

货物或应税劳务、服务名称	规格型号	单位	数量	单价	金额	税率	税额
深沟球轴承	6406	箱	-1	900.00	-900.00	17%	-153.00
合计					¥-900.00		¥-153.00
价税合计（大写）	⊗壹仟零伍拾叁元整（负数）				（小写）¥-1053.00		

销售方	名称：盟江轴承有限公司 纳税人识别号：914406052365011782 地址、电话：南海市长安路7号 0757-8877261 开户行及账号：中国工商银行新阳支行 2860300600037678336	备注

收款人： 复核： 开票人：颜子 销售方：（章）

盟江轴承有限公司 914406052365011782 发票专用章

第一联：记账联 销售方记账凭证

税总函［2015］562号海南华森实业公司

单据 8－19－3

中国工商银行
转账支票存根
30909321
20617434

附加信息

出票日期2016年12月28日

收款人：华光公司

金　额：¥1053.00

用　途：支付退货款

单位主管　　　会计

单据 8－19－4

国家税务总局南海市分局
企业进货退出及索取折让证明单

2016 年 12 月 26 日

销货单位	全称	盟江轴承有限公司				
	税务登记号	914406052365013782				
进货退出	货物名称	单价	数量	货款	税额	
	深沟球轴承6406	900.00	1	900.00	153.00	
索取折让	货物名称	货款	税额	要求		
				折让金额	折让税额	
退货或索取折让理由	经办人：单位签章：（华光公司财务专用章）2016年12月26日		税务征收机关签章	经办人：（国家税务总局南海市分局业务专用章）2016年12月26日		
购货单位	全称	华光公司				
	税务登记号	914406052300167332				

②证明联（交销货单位）

单据 8－19－5

产成品入库单

交库单位：华光公司　　　　2016年12月26日

产品名称	规格型号	单位	交付数量	检验结果		实收数量	金额
				合格	不合格		
深沟球轴承	6406	箱	1		不合格	1	600.00

财务联

车间送库：　　　检验：　　　仓库验收：王晓

单据 8－20

应交城建税、应交教育费附加计算表

2016年12月01日至2016年12月31日　　金额单位：元

项 目	计税基数（增值税）	适用税率	应交税费	备 注
城建税	30000.00	7%	2100.00	
教育费附加	30000.00	3%	900	
合 计			3000.00	

会计主管：　　复核：　　制表：李成

单据 8－21－1

销售商品成本计算单

2016年12月31日

商品名称及规格	单 位	数 量	单位成本/元	总成本/元	备 注
深沟球轴承 6406	箱		600.00		
深沟球轴承 6408	箱		720.00		

单据 8－21－2

委托代销商品成本计算单

2016年12月31日

商品名称及规格	单 位	数 量	单位成本/元	总成本/元	备 注
深沟球轴承 6406	箱		600.00		

单据 8－21－3

销售材料成本计算单

2016年12月31日

商品名称及规格	单 位	数 量	计划成本/元	料材成本差异/元	实际成本/元
高碳轴承钢	吨	3.2	9 600.00	192.00	9792.00

单据 8－22

企业所得税计算表

2016年12月01日至2016年12月31日　　　　金额单位：元

项目	行次	本月数	项目	行次	本月数
一、营业收入			三、利润总额		
减：营业成本			加：纳税调整增加额		
营业税金及附加			1		
销售费用			2		
管理费用			3		
财务费用			减：纳税调整减少额		
资产减值损失			1		
加：公允价值变动净收益			2		
投资净收益			3		
二、营业利润			四、应纳税所得		
加：营业外收入			适用税率		
减：营业外支出			五、本期应纳所得税额		

会计主管 ：　　　　复核：　　　　制表：

单据 8－23

损益类账户发生额

2016年12月31日

账户	借方发生额/元	贷方发生额/元

学问通
xuewent.com

专业 创新 仿真

实训教材配套账号（学问通实训平台）使用说明

第一步：注册

登录学问通实训平台（www.xuewent.com），点击“登录/注册”，进入新用户注册页面， 输入手机号，获取验证码，按要求输入其他信息，完成注册。

第二步：登录及激活课程

输入用户名和密码登录后，依次点击“我的学习”→“课程卡激活”，刮开实训教材封底的刮刮卡，输入课程激活码，激活相应课程。

第三步：选择已激活的课程，开始学习

激活课程后，可在“我的课程”界面查看，选择相应课程后点击“进入学习”。

说明：本使用说明以税务会计实训课程为例，其他课程的操作与此相同。

学问通 xuewent.com

专业 创新 仿真

实训教材配套账号
（学问通实训平台）使用说明

第四步：进入课程目录界面

进入课程目录界面后，点击“课件视频”观看讲解视频，点击“开始学习”进入实训。

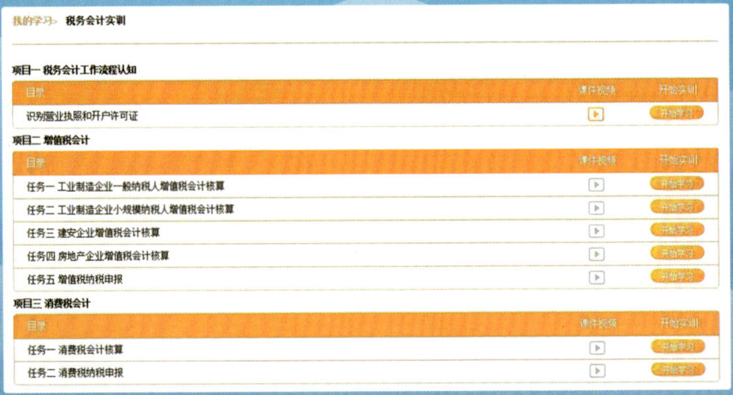

第五步：进入课程实训界面

进入课程实训界面后，根据任务说明和背景单据，完成相应的实训。

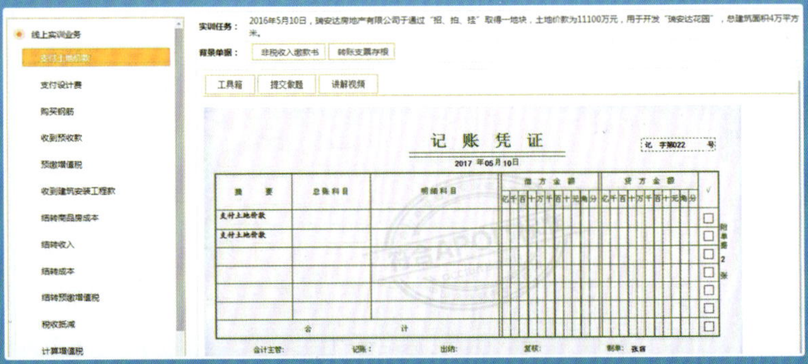